AF607339

Cualquier forma de reproducción, distribución, comunicación pública o transformación de esta obra solo puede serrealizada con la autorización de sus titulares, salvo excepción prevista por la ley. Diríjase a CEDRO (Centro Español de Derechos Reprográficos) si necesita fotocopiar o escanear algún fragmento de esta obra (www.conlicencia.com; 91 702 19 70 / 93 272 04 47).

© De los textos: Fernando Epelde, Pedro Herrero Navamuel, Carlos Molinero, Gracia Morales, Itziar Pascual, Xavier Puchades, Eva Redondo, Enrique Torres Infantes, Ruth Vilar, 2018.

© Del prólogo: José Sanchís Sinisterra.

Diseño portada: Julio Fer

D.L. ZA 11-2019

ISBN: 978-84-16993-41-3

© Ediciones Invasoras

http://www.edicionesinvasoras.com

edicionesinvasoras@gmail.com

Imprime: Cimapress

PLANETA VULNERABLE

Teatro ecológico del siglo XXI

Con el apoyo de:

Instituto Nacional de las Artes Escénicas y de la Música (INAEM).

Le Monde diplomatique en español.

Agradecimientos:

Ferrán Montesa, La Casa Encendida, Asociación Lanzambiental, Teatro Sala Mirador, Sandra Castro, Elvira Heras, Waldo Rosales, Olga Iáñez, Regina García, Compañía Remiendo Teatro, Gonzalo García Santos, Paco Díaz Revaliente, Leonor Gallego, Pedro Serrano y a nuestros *Cómplices,* que han hecho posible este proyecto.

Índice

MAPA INCOMPLETO PARA EXPLORAR UN PLANETA VULNERABLE

José Sanchis Sinisterra

Ya nadie (o casi nadie...) se atreve a negar que la humanidad ha generado un sistema económico, social, político y ético que amenaza -quizás ya de modo irreversible- la futura habitabilidad del planeta. Podría afirmarse, pues, que somos la única especie conocida, ciegamente abocada a la destrucción de su propio ecosistema... y sin duda el de otras muchas especies vivas.

No se trata de una catástrofe apocalíptica producida por incontrolables procesos naturales ni por oscuros designios sobrenaturales. Es la consecuencia de un modelo de sociedad basado en el progreso ilimitado, el crecimiento sin freno, el expansionismo global, el consumo inducido, la idolatría de la productividad y el culto del beneficio económico a toda costa. Tal modelo tiene un nombre: capitalismo.

Ante procesos de tan gigantesca escala, es legítimo preguntarse: ¿puede el arte medirse con ellos? O, dicho de otro modo: ¿cabe imaginar una confrontación artística con fenómenos de tal magnitud y complejidad? El teatro, por ejemplo, que ha intentado desde sus inicios dar cuenta de los avatares de la condición humana, de sus conflictos, de sus temores, de sus locuras y de sus anhelos, ¿podría hoy activar la conciencia y la sensibilidad de los ciudadanos -y también su rebelión- ante la amenaza, tan real, de estos nuevos "jinetes del Apocalipsis" humanos, demasiado humanos?

Si, según Jacques Rancière, el teatro se propone "enseñar a sus espectadores los medios para dejar de ser espectadores y convertirse en agentes de una práctica colectiva", ¿podríamos urdir una serie de textos dramáticos susceptibles de *organizar el pesimismo* que la devastación de nuestro vulnerable planeta está sembrando en un número cada vez mayor de sus habitantes? ¿O debemos resignarnos a aceptar el sombrío diagnóstico de Fredric Jameson según el cual es "más fácil imaginar el fin del mundo que el fin del capitalismo"?

Estas y otras cuestiones, en modo alguno teóricas o meramente ideológicas, acabaron configurando uno de los más ambiciosos proyectos de *DRAMATURGIAS INDUCIDAS* de **N**uevo **T**eatro **F**ronterizo, nuevamente en colaboración con Le Monde Diplomatique en español y La Casa Encendida, con el apoyo de la Asociación Cultural LANZAMBIENTAL , impulsora del Festival LANGAIA (en Lanzarote), de su directora Elvira Heras, y el asesoramiento de expertos en medio ambiente como Jorge Riechmann, Adrián Almazán, Carlos de Prada, Vidal Martín, etc.

Se procuró también que el criterio de **diversidad** (temática, estética, formal...) marcara asimismo el ámbito de procedencia de los autores y autoras, para integrar, en la medida de lo posible, una multi-perspectiva *territorial*. La contribución del INAEM hizo posible que Andalucía, Galicia, Valencia, Extremadura, Cataluña, Castilla y Euskadi, además de Madrid, estuvieran presentes en la fase dramatúrgica de la experiencia. Experiencia que comportó algunas sesiones presenciales durante el proceso de elaboración, indagación y escritura.

A este respecto, no cabe duda de que una mayor disponibilidad en la agenda de los dramaturgos/as hubiera contribuido a generar mayor coherencia y diversidad en el material textual. Coherencia **y** diversidad, sí, ya que, como en la mayoría de los proyectos de escritura colectiva de **N T F**, también este aspiraba a producir un "efecto archipiélago", es decir, la percepción de una problemática diversa y plural, a la vez que unitaria, tal como se manifiesta en la lenta pero implacable devastación del planeta.

No obstante, la feliz reunión de estos nueve textos en un mismo volumen va a permitir que ***algo*** del efecto buscado en el origen de nuestra iniciativa se perciba, como un hilo rojo, a través de su diversidad. A primera vista, parecen muy diferentes, sí, no solo el estilo y/o las formas dramáticas de cada texto, sino también sus temáticas, tan diferentes como "la acumulación de recursos inmanejables en continentes y océanos", "los pesticidas y la polución de los recursos alimenticios" o "el crecimiento de la contaminación del aire en las grandes ciudades" (por no hablar del "séptimo continente", "la impunidad de los culpables", los "animales drogados" o la "ceguera de las víctimas", etc.).

Pero la *vecindad editorial* de estos paisajes tan remotos puede llegar a constituir una especie de mapa (incompleto, sí, como todos los mapas...) de nuestro futuro, ya no tan remoto. Y más amargamente nítido para nuestras hijas y nietas. Mapa que, muy probablemente, suscitará ecos y resonancias entre unas zonas y otras, distantes y distintas, de un planeta, GAIA, que pareciera querer sacudirse de encima a sus depredadores.

No es nuestro propósito -y quisiera en esto sentir que soy portavoz de *los nueve*- el suscitar una experiencia angustiosa de impotencia ante lo inevitable, sino, como ocurrió en algunas de sesiones ante el público -en La Casa Encendida y en la Sala Mirador de Madrid-, alguien pida la palabra en el coloquio para preguntar a los expertos: "¿Y qué podría hacer yo ante esta calamidad?"

Naturalmente, se dieron respuestas, más o menos consoladoras o estimulantes (incluso *beligerantes*). Pero quizás no era necesario responder. Como escribió Chejov a su amigo Suvorin (aproximadamente): "el artista no tiene por qué saber esto o aquello para responder tal o cual pregunta. El artista ***solo*** debería saber plantear bien las preguntas..."

ANIMALES DROGADOS

Fernando Epelde

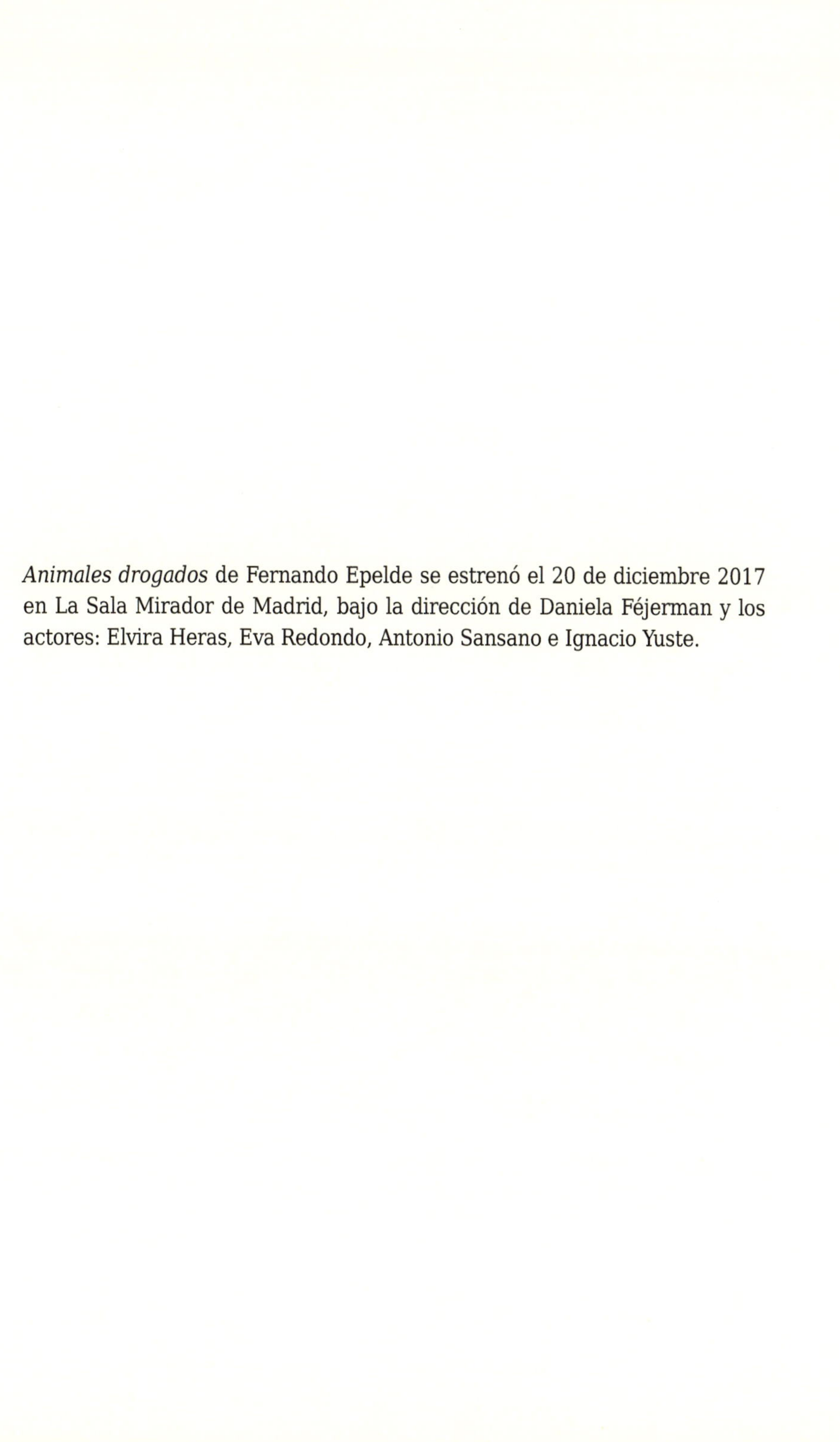

Animales drogados de Fernando Epelde se estrenó el 20 de diciembre 2017 en La Sala Mirador de Madrid, bajo la dirección de Daniela Féjerman y los actores: Elvira Heras, Eva Redondo, Antonio Sansano e Ignacio Yuste.

DOS PIES Y UN REPTIL

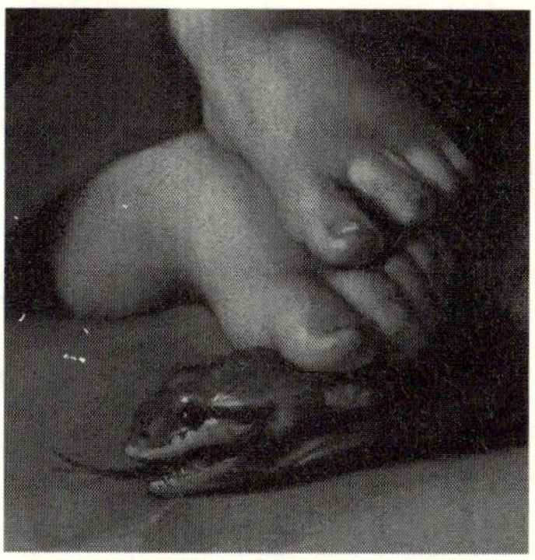

En la parte trasera de la furgoneta, María suda los cócteles gratuitos que se ha estado tomando durante todo el día en el hotel. La barra libre era abundante pero muy mala.

A su lado hay una caja de plástico gris sobre la que descansan algunos blisters de pastillas y una botella de agua de una marca india.

La voz en el interior de su cabeza suena dispersa y errática.

MARÍA.– *(Piensa)* ¡Qué estupidez! Una serpiente y dos pies. ¿De dónde coño vendrá esta imagen? Y justo ahora... ¡Justo ahora!

Si pudiera, al menos, resolverla.

Ponerle un nombre y abandonarla. Archivarla tal y como me decía mi terapeuta.

Pero aquí todo esto no tiene sentido.

Esta imagen no tiene sentido.

Recordar cosas, encontrar las palabras adecuadas, no ser malinterpretada... ¡Bah! ¡Problemas del primer mundo!

No sé si me da más miedo lo que está pasando o acabar atendida en el hospital más próximo. *(Mira por la ventanilla).*

Dios... este lugar no se termina nunca, es como un decorado de cine.

Todo el mundo quiere fotografiarse conmigo.

Solo porque soy blanca. Porque nunca han visto, hablado o follado con una mujer blanca.

No... no, no, no... tengo que concentrarme.

Antes de todo esto, antes de los complejos de hoteles y de las calles pavimentadas había un hospital... lo recuerdo bien. Recuerdo haberlo visto cuando me trajeron aquí desde el aeropuerto.

¿Cómo puede ser que no tengan un centro de asistencia dentro del complejo?

La botica era como el decorado de "Farmacia de guardia". Cuando me dio la cagalera tuve que mirar en el teléfono el nombre del producto español y buscar yo misma un equivalente entre todas aquellas tabletas sin catalogar.

Había medicinas y drogas sin ningún distintivo por todas partes. Y sin fecha de caducidad...

¿Es que no son capaces de tener un antídoto a mano para situaciones como esta? *(Se mira el brazo).*

¡Mierda! Esto se está poniendo muy feo.

No sé si debería tomarme otro analgésico.

María se aproxima a la caja. Su visión se torna cada vez más borrosa. No siente exactamente dolor, sino algunas sensaciones desconocidas que, por novedosas, le dan miedo.

Las palpitaciones en su brazo se extienden también a su cuello, su sexo y a algunos puntos indeterminados de su pecho y espalda.

MARÍA.– No... no es una serpiente. Es más bien como un pez de río. Lo que tengo en la cabeza son dos pies y un pez de río.

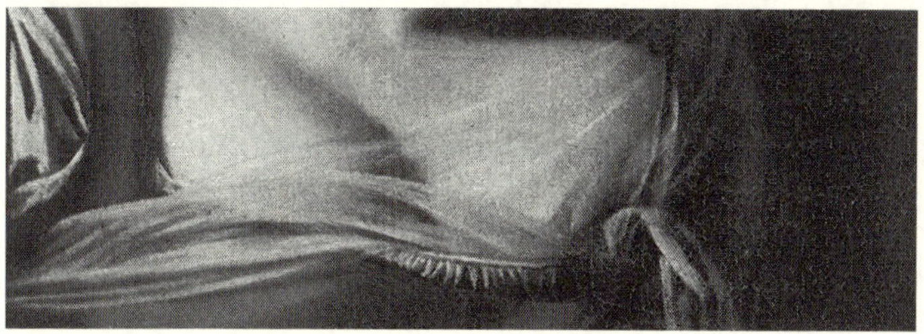

Y esas tetas... esas tetas blancas pintadas al óleo.

Dios... cómo me miraban todos aquellos indios. Me follaban con la mirada.

El veneno me está subiendo. No es como lo imaginaba. Es muy lúcido. Muy claro. Se parece más a la vez que tomamos ácido antes de entrar a aquel museo italiano que a cuando -de pequeña- me picó una abeja en la frente.

Me siento drogada, no herida. *(Sus pensamientos no siguen un orden lógico).*

Y cómo me miraban... cómo me miraban los camareros y los responsables del hotel después la picadura.

Sin atreverse ni siquiera a tocarme.

¡Quiero un ibuprofeno o lo que coño sea! Pero no me apetece acercarme más a la caja.

Hace mucho calor aquí dentro.

Las curvas de la carretera desplazan la caja que se acerca a la esquina donde María suda los restos de la barra libre del complejo. Con grima, la mujer le propina una patada al plástico evitando su proximidad y mira hacia la ventana buscando calmar los nervios.

MARÍA.– Hotel... hotel... piscina... hotel... un hombre limpiándose los dientes con un palo... un motorista con malformaciones, riksas, niños, niños desnudos... ¡Mierda! Otra vaca en la carretera. Espero que no encontremos ninguna más en este sentido. *(María ríe, su* *discurso fluctúa, la química convierte los puntos en comas y los finales de frase en inicios de silencios).*

Dos pies y una carpa de río. Dos tetas blanquecinas.

El conserje del hotel ya me avisó de que aquí las vacas paralizaban el tráfico.

Pensé que eso era algo que solamente sucedía en las películas.

(Volviendo a la imagen de su cabeza).

Esas tetas... esas tetas no son sagradas.

No son de una virgen.

Desde la caja, sin previo aviso, resuena una voz normal, poco característica. Una voz que no esperas cuando algo o alguien se dirige a ti desde el interior de un recipiente de plástico.

A veces... solo a veces, la voz sesea.

SERPIENTE.– Para haber sobrepasado el límite de la barra libre que establecía tu agencia de viajesss y haberte pagado de tu bolsillo los dos últimos Bloody Mary'sss, todavía tienes un assspecto bastante decente.

MARÍA.– ¿Quieres hacer el favor de callarte? ¡Lo peor de todo está siendo tener que aguantarte!

SERPIENTE.– Míralo por el lado bueno, a lo mejor no has sido capaz de follar con ningún hindú en el apartahotel, pero no se puede decir que no estésss rentabilizando el precio del billete.

María golpea la pared de la furgoneta que hay a su espalda para indicar al conductor que acelere.

MARÍA.– ¡Vamos, joder! ¡Me estoy muriendo!

SERPIENTE.– Por el amor de diosss... no te estás muriendo.

MARÍA.– Estoy mareada...

SERPIENTE.– Estás borracha. Estás drogada. Esss todo.

María coge una pastilla de blister y la engulle con un buen trago de agua.

SERPIENTE.– Yo que tú no bebería demasiado de esa botella. Las rellenan con agua del grifo.

MARÍA.– Pero... ¿Cómo qué...?

SERPIENTE.– Nadie bebe agua en el hotel, corazón. No tiene sssentido gastar en eso. Los turistas preferís cóctelesss.

María deja la botella en el suelo con evidente desdén.

SERPIENTE.– Es muy raro que no te hayas llevado a nadie a la cama... No te conozco mucho, pero debes de estar haciendo algo mal. Tus tetas todavía están bassstante bien.

MARÍA.– Me estoy muriendo, joder...

SERPIENTE.– Yo sí que me estoy muriendo.

MARÍA.– Estoy drogada... el veneno...

SERPIENTE.– Yo sssí que estoy drogada.

Pausa.

SERPIENTE.– Voy hasta el culo, querida. Me ponen la primera inyección bien temprano para poder atender a los niños yanquis regordetes que vienen acompañados de sus papásss y luego ya es un no parar de dosis cada vez más altas hasta que se pone el sol.

Sssoy la serpiente más aburrida del mundo. Cuando llega la noche, evidentemente, no tengo ganas de nada.

Al final de la jornada, después de enroscarme al cuello sudoroso y apestoso de los últimos turistasss borrachos a la búsqueda de *fotos de conquistador* para poner en el facebook, Amar me lanza un par de ratones pequeñosss y pretende, todavía, que le deleite con un essspectáculo de caza.

En más de una ocasión, los ratones se han quedado allí hasta la mañana siguiente, bebiendo de mi agua o ssse han escapado, pasándome por encima mientras yo no podía ni mover la cola de la resssaca.

Estoy colgada, cariño... pero no de un árbol o de una liana. Colgada de verdad.

Esto esss un puto infierno.

María continúa perdida en esa imagen mental que le asola de vez en cuando y que se hace más fuerte con el veneno.

MARÍA.– Un pie de niño y otro de mujer. El del niño encima...

SERPIENTE.– ¿Qué dices querida? ¿Tú también estásss colgada?

MARÍA.– Es una imagen que no logro sacarme de encima. Parece el detalle de un cuadro. Casi puedo ver las veladuras dentro de mi cabeza. El pie del niño pisa el pie de la mujer que, a su vez, está pisando a un ser horripilante. *(Mareada)* Me cuesta pensar...

SERPIENTE.– Los animales no pisamos nada... quiero decir... mírame, ni siquiera tengo piesss.

MARÍA.– No sabía que estabas drogada cuando me mordiste.

SERPIENTE.– Sssiempre estamos drogadas, ¿Entiendesss? La serpiente al cuello de todos esos cantantes de metal, los cocodrilos a lomos de los turistas, la tarántula del mago o el león del circo... ¡Vamosss! ¿En serio? ¿Qué coño crees que podría ver yo de interesante en abrazarte o en dessslizarme sobre ti?

MARÍA.– Nunca lo había pensado antes.

SERPIENTE.– Lo único bueno de acercarse a un humano es comérsselo.

MARÍA.– *(Golpeando la pared)* ¡Vamos, hombre! ¡No te pares ahora!

Escuchamos al conductor intervenir en inglés con un marcado acento hindú.

CONDUCTOR.– *Trafic jam, mam! There is a cow in the middle of the road. I'm sorry mam!*

SERPIENTE.– Vacasss... hacen lo que les da la gana.

MARÍA.– ¡Putos bichos! Es tan estúpido que puedan paralizarlo todo...

SERPIENTE.– ¿Sssabes, querida? Las cosas nunca son lo que parecen.

MARÍA.– Mira por la ventana... esto está lleno de niños. Niños desnudos que no tienen ni para comer. *(Las aletas de la nariz le vibran)* ¿Qué es ese olor?

SERPIENTE.– Están quemando plástico ahí. ¿Lo vesss?

MARÍA.– ¿Para qué?

SERPIENTE.– ¿Tú qué creesss? ¡Para cocinar! No tienen nada.

MARÍA.– ¿Están cocinando con plástico tan cerca del hotel?

SERPIENTE.– Cariño... el hotel es como "Los mundosss de Yupi", ¿entiendesss?

MARÍA.– Debería explotarse mejor todo esto... Repartir beneficios.

SERPIENTE.– La única manera que se me ocurre sería donando todos los libros de Paulo Coelho que hay dentro del complejo para hacer hoguerasss ahí fuera... Habría suficiente fuego como para que toda la India cocinassse.

MARÍA.– ¡No seas injusta!

SERPIENTE.– "Injusssto" no es la palabra.

MARÍA.– A eso me refiero. *(Mira por la ventana)* Fíjate en todas esas vacas en el medio de la carretera a las que tratan como reinas... y, mientras tanto... todos esos niños...

SERPIENTE.– Escucha nena, no seas obvia, ¿quieresssss? India exporta carne de vacuno al exterior. Ya te he dicho que las cosasss nunca ssson lo que parecen.

MARÍA.– *(Tras un segundo absorta)* ¡Vaya! ¿Y tú cómo sabes eso?

SERPIENTE.– No siempre he estado aquí, ¿Sabesss? Yo también he tenido mis viajes, mi mundo, misss quince minutos de fama.

MARÍA.– *(Muy mareada)* Creo que voy a vomitar...

SERPIENTE.– Aprieta bien fuerte tu falange del dedo del medio, hazme cassso.

MARÍA.– Eso no es más que una gilipollez para no perder los nervios. ¡Yo estoy envenenada!

SERPIENTE.– Mírate, hace unas horas apuntada a las clases de yoga y ahora desssconfiando de un ejercicio tan sssencillo. Hazme caso... aprieta la falange, sssé de lo que hablo.

MARÍA.– ¡No! ¡No sabes de lo que hablas! Ni siquiera tienes manos, patas o pezuñas... ¡Joder! ¡Estoy delirando!

SERPIENTE.– Trabajé 12 años al servicio del cantante de metal Alice Cooper... ¿Entendido? Si puedo ayudar en algo, es a paliar un poco los efectos de la resssaca... tengo un arsssenal de remedios archivados en mi sssesera. El bueno de Alice se las sabía todas para recuperarssse antes del show.

MARÍA.– Pero... ¿Qué coño estás diciendo?

SERPIENTE.– Lo que oyessss... no soy una paleta. He viajado. He vivido los años dorados del rock. Una tiene sus trucosss.

María hace lo que la serpiente le indica, se agarra la falange y googlea:

`_Alice Cooper_serpiente`

en su teléfono móvil.

MARÍA.– ¿Cómo has terminado aquí?

SERPIENTE.– En el 2012 Alice realizó una gira de *Greatest Hitsss* por toda la India... el éxito estaba asegurado. Quizás no estaba en su mejor momento, pero el *llenazo* de los complejos turísticos serviría para pagar facturasss y también para alimentar los últimos coletazosss de un ego devastado.

MARÍA.– ¿Tú eras la serpiente de este cantante de *heavy*?

SERPIENTE.– Yo y muchasssh otrasssh. Nadie resiste de gira eternamente... bueno, quizás él mismo sí. Para su edad... Alice tiene un aguante increíble.

MARÍA.– No te entiendo.

SERPIENTE.– Kachina, Verónica, Lady Macbeth, Mistress... Hemos sido muchas al lado del cantante. Alice nunca ha escatimado en el trato a sus compañerasss. En los buenos tiempos del rock, antes del 11 ESSSSE, nos llevaba en vuelos de primera classse... Aunque essso le haya traído másss de un disgusssto.

MARÍA.– ¿Viajabas en primera?

SERPIENTE.– Sssí, sssiempre a su lado. Aunque, al final, por muy cerca de las estrellas que estés, la vida doméstica puede resultar tremendamente aburrida para un alma solitaria como yo. Las serpientesss somos independientesss desde que nacemos.

MARÍA.– ¿Qué pasó?

SERPIENTE.– Alice solía dejarme en la bañera del hotel después del show... pero aquella noche yo llevaba una mezcla terrible de barbitúricos en el cuerpo. Además de mi dosisss de tranquilizantes habitual, Dave, el batería, había estado jugando a meterme pequeñas cantidades de éxtasisss durante toda la noche. No me preguntes cómo, pero logré abrir la tapa del váter y me escapé de aquel lugar como pude.

MARÍA.– ¿Te fuiste por el desagüe?

SERPIENTE.– Entiéndeme, cariño... Alice llevaba limpio un montón de añosss, todo el mundo se preocupó de que pasara por las mejores clínicasss... de que tuviera las dietas más equilibradas y todo el aire que necesitaba, pero yo... bueno, yo seguía con los mismosss viejosss viciosss de sssiempre. Estaba en la India y me aseguraba de tener las peores compañíasss. No fui la única que terminó mal. El rock es un mundo bastante jodido.

MARÍA.– ¿Drogas?

SERPIENTE.– ¡Claro, querida! *Angel*, mi predecesora en la gira "El rey de la pantalla de plata", murió a causa de una mordedura de rata a la hora de cenar. Yvonne intentó essstrangular a Alice en Lasss Vegasss, le sentó mal su dosisss y terminó decapitada por el bajista de la banda... y Lady Macbeth se comió el mando de un aparato de ventilación.

MARÍA.– ¡Jo-der! ¿Y tú nunca intentaste morder a Alice?

SERPIENTE.– Cariño...¿quién querría apoyar sus labios sobre ese tipo tan asquerossso? Después de escaparme por las tuberías tuve que sobrevivir comiendo ratas del alcantarillado durante unos mesesss. Aún así, de ser hoy, habría hecho lo mismo. ¡Lo prefiero a pensar en comerme al viejo con todo aquel maquillaje!

MARÍA.– Ratas... ¡Qué asco!

SERPIENTE.– No estaban tan mal... lo peor eran los monos.

MARÍA.– ¿Tuviste que comer monos?

SERPIENTE.– ¡Qué ingenua eres, corazón! Me refiero a los *monazos* que tenía que pasar sin mis dosis diarias de droga... ¡Al sssíndrome de abstinencia, tonta!

MARÍA.– ¡Ah!

SERPIENTE.– Andaba por ahí como un gusano del tequila. Desssenfocada y empapada de todo el alcohol que podía encontrar en los sssumiderosss.

MARÍA.– ¿Cómo terminaste trabajando en el hotel?

SERPIENTE.– Me encontraron y enseguida vieron que tenía ciertas aptitudesss... cierto saber estar en el escenario. Experiencia... amiga. Ya sabes lo que dicen... una droga lleva a la otra y en el hotel se preocupaban de que nunca me faltara mi dosisss. Trabajar con niños era menos essstresssante que hacerlo con roqueros en decadencia y aquí hace buena temperatura... no es un mal lugar para jubilarse. *(Molesta)* ¡Al menos hasssta que tú te has entrometido!

MARÍA.– ¡Me has mordido!

SERPIENTE.– ¿Qué querías que hiciera? ¡Ha sido sin querer! ¡Un acto reflejo! ¡Tú me pisaste primero!

MARÍA.– No tiene nada que ver... ¡Mi pie no tiene un veneno capaz de matarte!

SERPIENTE.– ¡No soy venenosssa! ¡Por el amor de Diosss! ¡Las ssserpientes grandes no tenemos veneno!

María se mira la herida.

MARÍA.– ¡Esto se ha puesto muy feo!

SERPIENTE.– Es por las bacteriasss... ¿vale? Porque estoy desssatendida. ¡Porque estoy sssucia!. ¡Oh, dios mío! ¿Qué coño estoy haciendo aquí? Este lugar es tan horrible fuera del complejo... Mira por la ventana... los buitresss, los monos rabiososss... esos perros azulesss...

María mira por la venta del coche. El calor y las palpitaciones se han extendido y una vena de su frente se hace notar de una forma inquietante en los momentos en los que piensa.

MARÍA.– ¿Por qué están azules?

SERPIENTE.– Nadie lo sssabe.

MARÍA.– Es el color de Shiva...

SERPIENTE.– ¡Venga ya, tía! ¿Hasta en el coche y envenenada vas a mantener ese discurso *new age* tan anticuado? ¡El color de esos bichosss no tiene nada que ver con el Yoga, ni con la meditación! ¿Vale?

MARÍA.– *(Asustada)* ¿Pero no decías que no estoy envenenada?

SERPIENTE.– ¡Sssí que lo estásss! Pero no por mi culpa. Las que sois como tú... sssois las peores. Venís aquí completamente cargadas con vuestra mierda occidental, con vuestro afán conquistador. Os quedáis 10 días a merced de cualquier gilipollasss que ssse hace pasar por un gurú de la meditación solamente para poder meteros mano durante media hora y alimentáisss toda esta basura. ¡Vosotras sssois la leña de todo este polvorín!

MARÍA.– *(Seria)* No sabes nada de mí.

SERPIENTE.– Lo sssé todo de ti.

MARÍA.– No estoy pasando por una buena racha.

SERPIENTE.– ¡Oh vamos, querida! ¿Y quién la está pasando? Venga... ¡cuenta! ¿Qué ha sssido? ¿Necesitabas tiempo para pensar y papá te ha regalado essste viaje? ¿Después del divorcio te hacía falta limpiarte y tener nuevas experienciasss? ¿Sssiempre habías querido venir, pero nunca habías podido y ayer por la tarde lloraste durante tres horas delante de una estatua de Buda después de la relajación?

MARÍA.– No hables como si me conocieses.

SERPIENTE.– Nos conocemos desde hace mucho tiempo.

La imagen mental de María vuelve todavía un tanto imprecisa. Aún

con dificultad, llegan a su línea de pensamiento nuevos fragmentos de algo que no logra componer por completo.

MARÍA.– Mi hijo murió hace poco más de un mes.

La serpiente no dice nada. Escuchamos su lengua sibilina agitarse un poco desde el interior de la caja.

SERPIENTE.– Essso puede ser una justificación bastante válida para venirte a este decorado de cartón piedra, terminar con la barra libre del hotel y dirigirte de cabeza al infierno...

MARÍA.– Gracias.

SERPIENTE.– ...pero no para agarrarme del pescuezo, meterme en esta caja y llevarme contigo.

MARÍA.– Tenía que ser así.

SERPIENTE.– Esto es absurdo, en el hotel te dijeron que que no hacía ninguna falta que me trajeras.

MARÍA.– Te necesito.

SERPIENTE.– La única cosa que he aprendido en todos estos años de *Rock and Roll* y de circo es que NADIE me necesssita. No existe ni una historia bonita protagonizada por serpientesss. Estamos en el grupo de los malosss, los traidoresss... los feos y los peligrosossss. Si acaso Hitler o Charles Manson podrían compararse, pero nunca debes de olvidar... que nosotras estuvimos antes que todo eso. Antes incluso que vosotros y vuestras travesurasssss.

MARÍA.– *(Harta)* ¿Por qué eres tan jodidamente dura conmigo?

SERPIENTE.– No pienso mover ni un dedo para cambiar la historia.

MARÍA.– No tienes dedos.

SERPIENTE.– ¿Vesss? ¡Ya me estás prejuzgando!

MARÍA.– Te necesito para que el doctor te reconozca y me ponga el antídoto correcto.

SERPIENTE.– *(También harta)* ¡Eso esss! Como el doctor tiene que reconocerte... que me reconozca a mi también. Y como a Alice le gustaba tomar drogasss... ¡que las tome la serpiente también! ¡Es la historia de mi vida!

María vuelve a mirar por la ventanilla de la furgoneta.

La serpiente hace lo mismo por el otro lado del vehículo.

MARÍA.– Vaca... vaca...

SERPIENTE.– Perro... perro azul... vaca...

MARÍA.– Perro azul... perro normal, vaca... perro... Estos perros son completamente distintos a los que hay en Europa.

SERPIENTE.– Me gustan los perros.

MARÍA.– A mí también.

SERPIENTE.– Son fáciles de tragar. Apenas se resisten cuando sssaben que no pueden escapar.

MARÍA.– No me refería a eso.

SERPIENTE.– Era una broma. ¿Te comerías tú un pollo azul?

MARÍA.– *(Agarrándose el brazo)* Me duele... joder. ¿Crees que puedo tomarme ya otro analgésico?

SERPIENTE.– Claro que puedes.

MARÍA.– Vale.

SERPIENTE.– Esssspera...

MARÍA.– ¿Qué?

SERPIENTE.– ¿Cómo puedes ser tan inconsciente? A mí qué coño me preguntas... ¡Sssoy drogodependiente!

MARÍA.– Ya, pero...

SERPIENTE.– Cariño... ¿Tengo que recordarte lo que pasó la última vez que una mujer pidió consejo a una ssserpiente?

Algo encaja en la línea de pensamiento de María.

MARÍA.– ¡Caravaggio!

SERPIENTE.– ¿Quieres hacer el favor de hablar bien? ¡Europeosss! ¡Decísss un taco por cada dos palabrasss!

MARÍA.– ¡No, espera! Déjame que te muestre algo.

María saca su teléfono móvil y trata de indagar en él. Al poco, casi instantáneamente, se siente mareada.

MARÍA.– Me mareo al mirar la pantalla. ¡Maldito veneno!

SERPIENTE.– No es el veneno. Es la dosisss...

MARÍA.– ¡Bueno! ¡Ya! ¿Estoy envenenada o no?

SERPIENTE.– Es la dosisss... me refiero a la cantidad de alcohol que te has bebido.

MARÍA.– ¡No tiene gracia! *(Arroja el teléfono frente a la caja. Por primera vez se siente fuera de juego)* Ahí están todas las fotos del viaje, ¿Podrías describirlas? Hay una que quiero encontrar.

SERPIENTE.– Veamosss... La pantalla está bloqueada.

MARÍA.– Desliza tu dedo para...

SERPIENTE.– ¡Deslizaré lo que pueda, cariño! *(La serpiente desbloquea el aparato con su cuerpo)* ¿Qué es esssto?

Escuchamos una melodía en 8 bits.

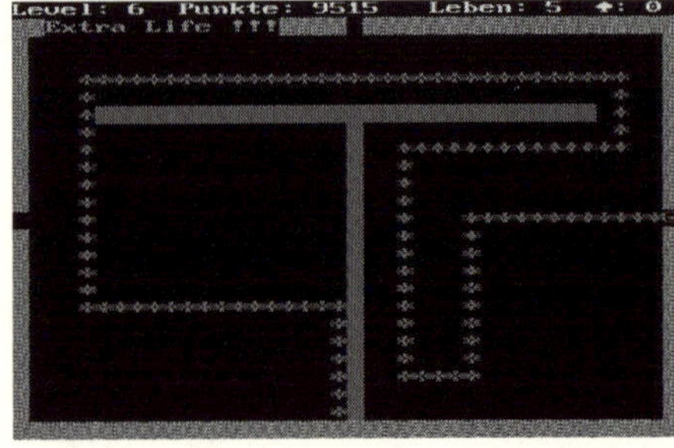

MARÍA.– Nada.. Ciérralo. Es un juego muy viejo, me costó mucho instalarlo en el I-phone.

La serpiente no hace lo que se le indica.

SERPIENTE.– *(Realmente interesada)* ¡Oh, vaya! Esto esss increíble... ¿Cómo esss que nadie me había enssseñado nunca esta maravilla?

Prosigue la música del videojuego.

MARÍA.– ¿Eso? Es un juego muy antiguo, me ha costado mucho instalarlo en el I-phone.

SERPIENTE.– Pero... ¡Esto esss genial! No me extraña que hayas insissstido. ¡Por fin algo divertido!

MARÍA.– Vamos... esto es importante. Ciérralo. ¿Quieres?

SERPIENTE.– Está bien... essstá bien... *(La serpiente cierra la ventana del juego con disgusto).*

MARÍA.– Pulsa donde dice "Mis fotos".

SERPIENTE.– Vaaale... ¡Oh! ¡Qué horror!

MARÍA.– ¿Qué pasa?

SERPIENTE.– ¡Esto es abominable!

MARÍA.– *(Algo nerviosa)* ¿Qué? ¿La foto con el elefante? Yo no disparé, ¿Okey? Eso es de un safari que encontramos en la carretera.

SERPIENTE.– ¡No, no! ¡Dios santo! ¡Qué barbaridad! ¿Quién ha sssido el idiota que ha disparado?

MARÍA.– Ya te dije que no fui yo... se trataba de una cacería privada... creo que el que estaba al mando era el tipo americano de la derecha.

SERPIENTE.– ¿De qué coño estásss hablando, querida?

MARÍA.– ¿No estás mirando la foto de un elefante muerto?

SERPIENTE.– No... no... estoy en la última imagen. Tan solo aparecemos tú y yo. El idiota que ha disparado esta foto me ha pillado encogida y desde mi perfil malo... ¡Oh diosss mío! ¿Me está saliendo papada? ¿Creesss que essstoy engordando?

MARÍA.– *(Cansada)* ¡Vete pasando las fotos, anda! Esa es la última... ahí habrá imágenes desde el principio del viaje en Europa, hasta las del complejo hotelero.

SERPIENTE.– Veamosss que tenemos aquí: una estatua de Buda, baratijas del mercado en Delhi, un yogui, platos de comida, samosassss... niñosss...

MARÍA.– Puedes pasar todas esas, tiene que estar mucho antes...

SERPIENTE.– ¿Qué es esssto?

MARÍA.– ¿El qué?

SERPIENTE.– ¿Un mono comiendo un yogur de color rosa?

MARÍA.– *(Mostrando un leve halo de alegría)* El mono, sí... eso es en aquel restaurante de la carretera...

SERPIENTE.– Aquí estás tú con una cría de cocodrilo..., y en esta apareces acariciando a un hipopótamo...

MARÍA.– Esas fotos le encantarían a mi hijo... si él hubiese podido estar aquí...

SERPIENTE.– El elefante muerto que comentabas antes, cacatúas con un chupa-chups en la pata...

MARÍA.– Eso es en Goa...

SERPIENTE.– ¿Otra sssserpiente? *(Mira bien)* ¿O se trata de una foca? Parece que no soy la única que tengo que hacer un poco mássss de ejercicio...

MARÍA.– *(Irónica)* Aquella, al menos, tuvo la delicadeza de NO morderme cuando estaba despistada.

SERPIENTE.– Cariño... a juzgar por sus ojosss, esta compañera hace mucho tiempo que ha pasado a un nivel tresss de dependencia. *(Pasa la fotografía)* Un perezoso entre tus manos... el mismo perezoso amarrado al cuello de un niño... el perezoso con una señora que lleva una camisssseta de perezososss...

MARÍA.– Son tan *cuquis*...

SERPIENTE.– Están muy tiernos cuando todavía son jóvenes, sssí... pero es increíble, porque ni siquiera se dan en la India... *(Pasando la fotografía)* ¡Oh, diosss sssanto! ¿Esto es un león?

MARÍA.– Sí...

SERPIENTE.– ¿Estás abrazada a un león?

MARÍA.– Bueno... no era muy caro y decidí darme el capricho...

SERPIENTE.– Yo sé que las serpientes no somos animales demasiado expresivosss... pero... ¿De verdad esa lengua sssobresaliéndole muerta entre las faucesss no te hizo pensar que podría estar... un poco "indispuesssto"?

MARÍA.– ¡Ya te he dicho que ni siquiera imaginé que os drogasen!

SERPIENTE.– ¿Y esos ojos en blanco?

MARÍA.– ¡No me había fijado!

SERPIENTE.– Te leo los comentariosss. Ahí va el primero: "¡Wow! qué valiente, ¿dónde es eso?"

MARÍA.– *(Orgullosa)* Es mi tía Puri.

SERPIENTE.– Ahí va otro: "He estado leyendo sobre esos animales... algunas guías advierten que podrían estar bajo los efectos de calmantes". ¿De verdad no sospechabasss nada, corazón?

MARÍA.– *(Resentida)* ¡Ah! Ese es de mi ex. Bueno... ya sabes, no puedes fiarte de lo que cualquiera comente en facebook. Además... mi terapeuta dice que no es buena idea dejar que tu ex siga gobernando tu vida. Haría lo que fuera por arruinarme el viaje.

SERPIENTE.– Ya...

MARÍA.– *(Mirando por la ventanilla)* Los perros de aquí no se acercan a los humanos. En Europa...

SERPIENTE.– Sí... sssí... en Europa están todo el tiempo ahí... encima vuestra, buscando vuessstra mirada. Haciendo lo que les decísss que hagan.

MARÍA.– Sí. Aquí su mundo no se toca con el nuestro.

SERPIENTE.– Esto está lleno de perros por todas partesss.

MARÍA.– Anoche volví al hotel comiéndome una samosa y un cachorrito azul se acercó para pedirme un trozo. Enseguida, otros dos perros azules mucho más grandes, se aproximaron también y le enseñaron a no mezclarse conmigo.

Nunca había visto nada parecido. Le apartaban agarrándole por el cuello y le ladraban para que se alejase de mí.

SERPIENTE.– Los cachorritosss son tan tiernosss...

MARÍA.– Sí.

SERPIENTE.– *(Malinterpretada)* No nos estamossss entendiendo. *(Vuelve al teléfono)* Aquí hay otras fotografíasss. No parecen de este viaje.

MARÍA.– ¡Esas!

SERPIENTE.– Estatuasss, edificiosss... una gran fuente, más estatuasss...

MARÍA.– Son de Roma. Pasé unos días allí antes de venir a la India. Tengo una amiga viviendo en el centro que también acaba de divorciarse. Hacía mucho que no nos veíamos y pensé que sería buena idea visitarla para conocer a su hijo pequeño. *(Le pesan las palabras).*

SERPIENTE.– ¡Oh, vaya! ¡Muy bonito!

MARÍA.– ¿Qué?

La serpiente gira el teléfono con su cola para mostrarle a María la fotografía de un cuadro.

SERPIENTE.– ¿Qué coño es esssto?

MARÍA.– ¡Esa es la foto que buscaba! Estaba en ese museo... La Galería de los Borghese.

SERPIENTE.– ¿Acassso lo de pisar serpientes vuelve a estar de moda en occidente? ¡Sssupongo que tú y tu amiga os quedaríaisss a gusto!

MARÍA.– ¡No, no...! Esto es la fotografía de un cuadro. No somos nosotras.

SERPIENTE.– ¡Ah, comprendo! Apenas veo nada durante el día. Tengo las membranas oculares resssecasss.

María se siente flaquear. La herida se ha puesto muy fea y los sudores se deslizan por sus rincones más íntimos. Es como si, ahora que ha resuelto el misterio de aquella imagen, todas sus defensas se bajaran de repente.

SERPIENTE.– A esssto me refiero con que una no puede luchar contra la imagen que los demás tienen de ella... son muchos años de mala prensssa, muchos años de aguantar falaciasss pero... ¿Oye? ¿ OYE? ¿Querida? ¿Me escuchasss? ¿María? ¿Oye? ¿María?

María despierta ahora en el camastro de una habitación de hospital muy modesta.

Conectado a su brazo por vía intravenosa, un gotero le suministra lo necesario para volver.

Muy tenue, llega a sus oídos el murmullo de un aparato de televisión antiguo.

No comprende el idioma, pero el programa le resulta levemente familiar.

Pese a la mala calidad de emisión y al doblaje, María logra identificar los dibujos animados del receptor.

Se trata de "El Capitán Planeta" una teleserie de su infancia que creía desaparecida.

En la pantalla, cinco jóvenes de diferentes orígenes, conjugan unos haces de luz provenientes de sus anillos mágicos, para intentar salvar a unas focas de malvados cazadores furtivos.

María comprende entonces que sigue en la India y el sudor que baja por su frente anula cualquier empatía con el ambiente de la pantalla.

El blanco del hielo polar y la silueta de esas focas animadas no pueden resultarle más ajenos en estas circunstancias.

A su vera, sobre la mesilla de hospital, un ramo de flores y una nota escrita en inglés cargada de faltas ortográficas.

We are really sorry for the inconveniences, madam.

We just want to tell you that the hotel will cover all the expenses derivated from the travels from our complex to the hospital.

Unfortnately the doctors don't speak english, but they said to our driver that you will be 24h under observation, without any human contact, only to be sure that you haven't any contagious sickness after the infection of your injury.

Don't worry for this, madam. This is a normal protocol and the possibilities of a deep infection are very low.

In order to continue your meditative and healthy experience we will take you again to our instalations as soon as possible.

Lots of discount tickets for drinks and hindi food are wating for you in your e-mail.

Don't forget to share your adventurous pics on twitter and instagram with our hastags

#Indianexperience
#Iloveadventure
#Intothewild
#Buddhalife

A bilingual driver is coming tomorrow to take you again to our place.
Relax and see you soon.

Bodhisattva Hotel

MARÍA.– A bilingual driver? Eso sí que es gracioso.

María observa un momento la caja de la serpiente que yace cerrada en una esquina de la habitación.

Luego se incorpora para apagar la televisión. Todavía no tiene fuerzas para levantarse del todo.

Al hacerlo -durante un instante- se siente observada, pero decide no darle demasiada importancia a este hecho.

Alguien ha marcado su frente con un poco de tinte rojizo en señal de bienvenida.

El receptor de televisión se apaga. El Capitán Planeta desaparece y, envuelta en la penumbra, María puede ver que, al otro lado del vidrio que conforma la mitad de la pared, la observan, en silencio, numerosos miembros del equipo hospitalario: enfermeras, médicos con mascarilla, alguaciles, camilleros y también, justo en el límite inferior del cristal, niños de la provincia que, seguramente atraídos por lo exótico de su presencia, permanecen allí de pie, sin mover un solo dedo, con sus enormes ojos oscuros clavados en ella.

Tímidamente, uno de estos espectadores silenciosos, un adolescente, levanta su cámara para sacar una fotografía.

A María, con las pupilas tan cansadas, aquello le golpea como una bofetada inesperada.

Pese a su evidente gesto de molestia, un enfermero no puede evitar hacer lo mismo y toma otra instantánea que, de nuevo, le hiere en su retina.

Al poco, como sucede durante los partidos de fútbol o en los conciertos, los destellos se suceden cada vez con más frecuencia y sin contemplación.

María se tapa los ojos con una mano y estira la otra clamando un respiro, pero su nuevo público nunca se detiene por completo.

De este modo -lento pero constante- más flashes se suceden y, mientras algunos de estos "espectadores" suben las fotografías a las redes sociales, los otros continúan con su martirio.

La española no sabe que las anacondas no son venenosas. LOL.
#snakegirl, #Occidentalignorance, #Indianpower

En el hospital, con la chica-serpiente borracha.

#snakegirl #ondrugs #healthylife

La española ya se ha despertado, posiblemente tenga la rabia.
#turistgohome, #snakegirl, #hindipower

Aunque no sea rubia, la europeíta tiene un polvo.
#whitetits, #turistgohome, #snakegirl

Me da mucha pena, la pobre no habla hindi. Mañana espero intentar conocerla y adjuntarla como amiga.
#hindifeminist, #snakegirl, #Idianpower

A mí me da más pena la serpiente.
#Indianpower, #snakegirl #ignorance

Imágenes:
La serpiente (videojuego).
Madonna con el niño y Santa Ana de Caravaggio (Galería Galería Borghese, Roma).
Fuente: Wikipedia, la enciclopedia libre.

ÉXODO

Pedro Herrero Navamuel

Éxodo de Pedro Herrero se estrenó el 20 de diciembre 2017 en La Sala Mirador de Madrid, bajo la dirección de Daniela Féjerman y los actores: Elvira Heras, Eva Redondo, Antonio Sansano e Ignacio Yuste.

2034. Telma y Ainhoa son empleadas de una empresa de gestión de desastres naturales. Desde un pequeño bote, asistido por un barco nodriza, recorren la costa tras el último huracán.

Oscuro. Suena un disparo. Sonido de mar.

TELMA.–Te vas a acabar la botella.

AINHOA.– Así pienso menos.

TELMA.– ¿Todavía?

AINHOA.– Tanta agua me deprime.

TELMA.– Aún quedan pastillas

AINHOA.– Y que no falten...

Las 2 de la mañana y aquí no viene nadie. Hoy se están pasando.

TELMA.– Está todo muy revuelto. Y pueden venir cuando quieran. Eso pone en el protocolo

AINHOA.– En la sentencia, dirás.

TELMA.– Nadie te obliga a estar aquí.

AINHOA.– Sí, querida. El hambre. Como a ti.

TELMA.– Yo como todos los días.

AINHOA.– Alpiste. Eso no es comer. Ultravegana a la fuerza...

TELMA.– Lo pone en el protocolo. Además es sostenible.

AINHOA.– No me hagas reír. Ya no queda nada que sostener. Mi reino por un filete.

TELMA.– Si al pudding de algas le echas soja sabe a carne.

AINHOA.– ¡Por favor...Qué asco!

TELMA.– ¡Pues te jodes. Como todos!

AINHOA.– Como todas. Somos tías. ¿Qué mierda es esta de hablar todo en masculino?

TELMA.– Está en el protocolo. Así no nos cosifican. Pero a ti no te afecta, está claro.

AINHOA.– Como siga así me va a salir pene.

TELMA.– Saldrías favorecida.

AINHOA.– Favorecido. Llámame Manolo.

TELMA.– El masculino es sólo para el plural. Entre nosotras...

AINHOA.– Nosotros.

TELMA.– Entre nosotros podemos hablar en femenino.

AINHOA.– ¡Ssssshh! A ver si van a pensar que tienes vagina...

TELMA.– Tendré lo que me salga del coño.

AINHOA.– Pues eso.

...

TELMA.– Coge bien el timón, nos estamos escorando.....

AINHOA.– Yo ya venía escorada.

TELMA.– Sí. No hay más que verte

AINHOA.– Mejor escorada que amargada. Mírate. Pareces el vigía de occidente.

TELMA.– No soporto estar aquí. Y este bote se menea mucho.

AINHOA.– Si no se menea preocúpate. Entonces será que nos hundimos.

TELMA.– Ya estamos hundidas.

AINHOA.– Pero a flote.

TELMA.– No sé para qué nos empeñamos en limpiar el mar. Es estúpido.

AINHOA.– Cuestión de imagen.

TELMA.– ¿A estas alturas se preocupan de la imagen?

AINHOA.– El mundo nos observa. Hay que hacerlo bien. No pueden ser descuidados.

TELMA.– Si es que este mar no huele a mar. Está todo revuelto.

AINHOA.– A mí todo me huele igual. Se me cerró la pituitaria.

TELMA.– Pues estás de suerte porque estos sacos apestan

AINHOA.– Normal. Demasiado tiempo en el mar.

TELMA.– Dicen que esta vez se ha comido otros 3 kilómetros de costa.

AINHOA.– Pues nada. Otra vez a corregir los mapas.

TELMA.– El viernes llega otro. El huracán Atila.

AINHOA.– Vaya. Suena tranquilizador. Jajajaja.

TELMA.– El que pone los nombres es un capullo.

AINHOA.– No vamos a parar de sacar muñecos.

TELMA.– Por Dios, no les llames muñecos. Son víctimas.

AINHOA.– Anda. No te vengas arriba con eso. Olvídalo.

TELMA.– Un mes desde el huracán y casi no ha llegado ayuda. Se suben a cualquier cosa que flote con tal de huir del desastre y se despedazan contra las rocas. No tiene sentido.

AINHOA.– Para eso está la lista. Para atar cabos y saber cuantos son. Si es que van como locos.

TELMA.– Te querría ver yo después de un huracán.

AINHOA.– A mí hoy me viene fatal.

TELMA.– Se sabía que venía y no hicieron nada. Todo esto se podría haber evitado.

AINHOA.– ¿Y entonces nosotras de qué trabajamos?

Querida, somos el último eslabón en la cadena del holocausto.

TELMA.– No digas tonterías.

AINHOA.– Huracanes, deshielos, sequías... Llevamos años así. Se sabía de sobra lo que iba a suceder. Pero a la corporación le ha venido bien.

TELMA.– Es todo terrible.

AINHOA.– Tranquila. Nos quedan ansiolíticos como para tranquilizar a una manada de ardillas.

TELMA.– Demasiadas pastillas.

AINHOA.– Demasiados muñecos.

...

AINHOA.– ¿Guardaste los zapatos?

TELMA.– Sólo los que llevaban pie dentro.

AINHOA.– Mejor mételos todos en el saco. A veces queda algún dedo dentro. No nos pasan ni una. Están los activistas al acecho, así que cada vez que aparece algo en la playa se ponen de los nervios.

TELMA.– ¿Y qué quieren que aparezca, coronas de flores?

AINHOA.– Por si acaso han prohibido grabar imágenes. Se supone que no hay más víctimas, que las ayudas han llegado, que la gente no huye del país...y que todo está bajo control, así que no hay de qué preocuparse.

TELMA.– Es una locura. ¿Porqué lo hacen?

AINHOA.– Mejor morir de hambre, ¿No? Sale más a cuenta...

Ni el propio Hitler hubiera imaginado un método más seguro de exterminio.

Anda, bebe.

TELMA.– Cada vez hay más despojos.

AINHOA.– Cada vez hay más puzzles...

...

AINHOA.– Piensa en muñecos. Hazte a la idea.

TELMA.– ¿Como puedes hablar así? Esta mierda te está pudriendo el alma.

AINHOA.– Ja,ja,ja,ja. Anda, no te pongas histérica.

TELMA.– ¿Histérica? ¿Pero tú te has visto? Eres un monstruo. Mira como estás...

AINHOA.– Viva.

TELMA.– ¿Viva? Mirate. Pareces salida de un saco de estos.

AINHOA.– Pues búscame otro par de pies. Estos los llevo molidos

TELMA.– Un despojo no puede pedir despojos.

AINHOA.– ¡Niña, te estás pasando!

TELMA.– Bah. Eres patética.

...

¿Pero qué haces? Suéltame..... ¿Estás loca?

AINHOA.– Escúchame hija de puta. Hago lo que tengo que hacer. Tú tendrás que hacer lo mismo. Y no sabes nada de mí así que no te atrevas a juzgarme.

TELMA.– Déjame en paz ¡No tienes alma. No tienes nada!

AINHOA.– No. No tengo alma. Se la llevaron los mismos que esconden toda esta muerte.

Ainhoa da buen trago de la botella.

AINHOA.– ¿Te cuento mi historia? Si te la cuento te sentirás culpable, me compadecerás y me pedirás perdón, pero... ¿sabes qué? No quiero pasar por eso otra vez.

TELMA.– ¿Qué te pasó?

AINHOA.– Nada.

TELMA.– No puedes darme pena con... nada.

AINHOA.– No me toques los ovarios.

TELMA.– Quiero saber.

AINHOA.– Imagínate lo peor que te puede pasar... No, déjalo, no te imagines nada.

Ainhoa se queda mirando al vacío.

AINHOA.– ...Justo antes de la prohibición tuve un hijo Nació enfermo. Los pulmones no le aguantaban. Tosía sin parar. El aire le estaba matando. Un año de hospital intentando salvarle, pagando antibióticos, oxígeno, vasodilatadores.... Me arruiné. Cuando me lo habían sacado todo, lo desconectaron, le dieron un sedante, y murió. Así de simple. El médico se encogía de hombros como si en vez de mi hijo hubiera desconectado una máquina de café. Ese día lo entendí todo de golpe. No hay nada que hacer. Nuestro tiempo pasó. La compasión es de cobardes.

Así que me importa una mierda lo que sean para ti estos malditos muñecos y cuantas manos, pies y cabezas falten. Cuando hayas dejado morir a un hijo sin poder hacer nada entonces me hablas de monstruos y de almas..Hasta entonces te puedes meter tu ética de niñata por el culo. Dame la botella.

TELMA.– Yo. No sabía....

AINHOA.– Es igual. Todo es lo mismo. Ya aprenderás.

...

TELMA.– ...Como no vengan pronto me voy a morir de frío.

AINHOA.– Necesitan los sacos. Vendrán.

TELMA.– No me fío de esos bastardos

AINHOA.– Está en el puto protocolo. Tienen que venir.

TELMA.– Eso a ellos les da igual. ¿Quién iba a denunciarles? 2 amargadas menos.

...

TELMA.– Yo antes no era así...

AINHOA.– Tú siempre has sido igual, no hay más que verte

TELMA.– Aunque no lo creas no eres la única que ha perdido algo ¿Sabes?

AINHOA.– Oh, Vaya. ¿Como fue lo tuyo? ¿Te robaron la bici? ¿Se suicidó tu gato?

TELMA.– Mi madre.

AINHOA.– ¿Tu madre?

TELMA.– Digamos que se quitó de en medio.

AINHOA.– Joder. Suena fuerte.

TELMA.– Lo había perdido todo. Ella siempre decía que la vida no merece ser vivida si no puedes mirarla de frente. Así que se quitó de en medio ella solita... Pero tranquila, que no voy a contarte su historia.

AINHOA.– No sé ni de dónde eres, pero puedo imaginarla: otra catástrofe, otra familia que pierde su casa, su vida, que tiene que irse...

TELMA.– De Galicia. Qué te voy a contar. Fracking, incendios, sequía...

AINHOA.– Sin bombas ni tiros ¿No es genial? Nunca se manchan las manos. Simplemente esperan, y va la gente y se mata sola.

Ainhoa alza la botella.

AINHOA.– Por tu madre.

Y se la pasa de nuevo a Telma.

AINHOA.– Bueno, al menos tienes un trabajo...

TELMA.– Sí, estoy súper contenta. No quepo en mí de gozo

...

TELMA.– No van a venir. Tengo un presentimiento

AINHOA.– Que sí, mujer, no se van a molestar en formar a otra. Para esto hay que valer.

TELMA.– ¿Valer para qué? Lo inteligente es quitarse de en medio.

AINHOA.– Sólo nos queda esto. Vívelo.. o muérelo. Nadie te va a echar en falta.

TELMA.– No. Que que me maten ellos si tienen huevos.

AINHOA.– Bien. ¡Damas y caballeros, hoy en la barca de la muerte, gran fiesta de la alegría, con Telma y Ainhoa, no se lo pierdan!

Ambas ríen a mandíbula batiente.

TELMA.– ¿Y ese ruido?

AINHOA.– Algún bicho. Por la noche suben a ver si pescan algo entre los despojos.

TELMA.– Se han invertido los papeles

AINHOA.– Hace semanas que no veo un pez. Antes aún se veían delfines pero ya...

TELMA.– Si son inteligentes se habrán extinguido.

AINHOA.– Por consenso.

TELMA.– Pues parece un bicho grande...

AINHOA.– Qué raro.... Ilumina allí.

TELMA.– ...Es una...

AINHOA.– Un muñeco.

TELMA.– Completo.

AINHOA.– Hasta con zapatos.

TELMA.– Deberíamos subirlo a bordo.

AINHOA.– No. Es demasiado pesado. Sólo piezas.

TELMA.– Pero dejarlo ahí... no sé.

AINHOA.– Espera. No me lo puedo creer. Se mueve.

TELMA.– ¿Qué?

AINHOA.– ¡Está vivo el cabrón!

TELMA.– No. No es posible...

AINHOA.– Fíjate. No puede casi ni agarrarse al bidón.

TELMA.– ¡Podemos ayudarle!

AINHOA.– Ya sabes lo que dice el protocolo.

TELMA.– ¡No... No es posible. Otro no. Espera...!

AINHOA.– No. Hay que actuar ahora. Lo sabes.

TELMA.– ¡No! Ahora vas a escucharme. Tú te saltaste el protocolo. Aquí no dice nada sobre cuerpos vivos.

AINHOA.– Te lo leo. Artículo 12.9, cualquier incidencia en forma de materia viva susceptible de mostrar amparo en cualesquiera forma fuere interpretable, ha de ser inducida a forma inerte sin remisión apelable a conciencia... ¿Sigo?

TELMA.– Eso es muy ambiguo, ahí no dice que...

AINHOA.– Aquí tienes. Pistola reglamentaria. Ya sabes, una vez cada una. Esta vez te toca a ti. Quita el seguro, apunta y dispara. Antes de que espabile.

TELMA.– No. Yo no.

AINHOA.– Sí, tú sí. Y luego vienes y me llamas monstruo.

TELMA.– ¡No!

AINHOA.– ¿Vas a saltarte el protocolo?

TELMA.– Pero aquí no dice que la pistola sea para...

AINHOA.– ¿Tú te crees que nos dan una pistola para cazar ballenas? Venga, acabemos con esto. Dispárale. A ver de qué color tienes tú el alma.

TELMA.– Subámoslo a bordo. Llevémoslo al barco.

AINHOA.– ¿Les quieres dar problemas?

TELMA.– Hay una ley internacional. Tiene derechos.

AINHOA.– Jajaja, sí. Y yo una bula papal... ¡Mátalo!

TELMA.– Me está mirando.... No puedo hacerlo.

AINHOA.– O lo matas a él o a nosotras nos quitan de en medio, querida. ¡Vamos, dispara...!

TELMA.– No....

AINHOA.– ¡Dispara!.... Sabes igual que yo que no va a sobrevivir. No lo hagas más difícil.

TELMA.– ¿Y si sobrevive?

AINHOA.– Entonces peor. Es la ley. No puede quedar nadie.

...

AINHOA.– ¡Dispara!

...

Déjalo. Ya no tiene sentido. Se ha hundido. Te has librado. Anda, dame el arma.

...

TELMA.– ¿Has visto? Si esperas lo suficiente se matan ellos solos. Sólo hay que saber amenazarles.

AINHOA.– Ya. Anda trae.

TELMA.– Ya soy como ellos. De esta me hacen directiva, jajaja.

AINHOA.– Vamos, tranquilízate y dame la pistola.

TELMA.– ¿Has visto? No ha hecho falta ni apretar el gatillo. Se ha matado él solito. Tengo el poder.

AINHOA.– Hey. Suelta ese cacharro, Telma. Lo has hecho bien. No te tortures.

TELMA.– ¡Me ha sonreído. Mi madre hizo lo mismo. Sonrió y se fue. Es la señal!

AINHOA.– Estás paranoica. Anda, toma un trago.

TELMA.– Adonde nacen los sueños.... No se debe estar tan mal ¿No?

AINHOA.– Telma. Baja la pistola.

TELMA.– Esto sí puedo elegirlo.

AINHOA.– Pero ¿Qué haces?

TELMA.– Ahora lo entiendo ¡Qué felicidad! Yo decido. Yo solita.

AINHOA.– ¡No!

Oscuro. Sonido de disparo.

CUENTOS PARA FUTUROS MORIBUNDOS

Carlos Molinero

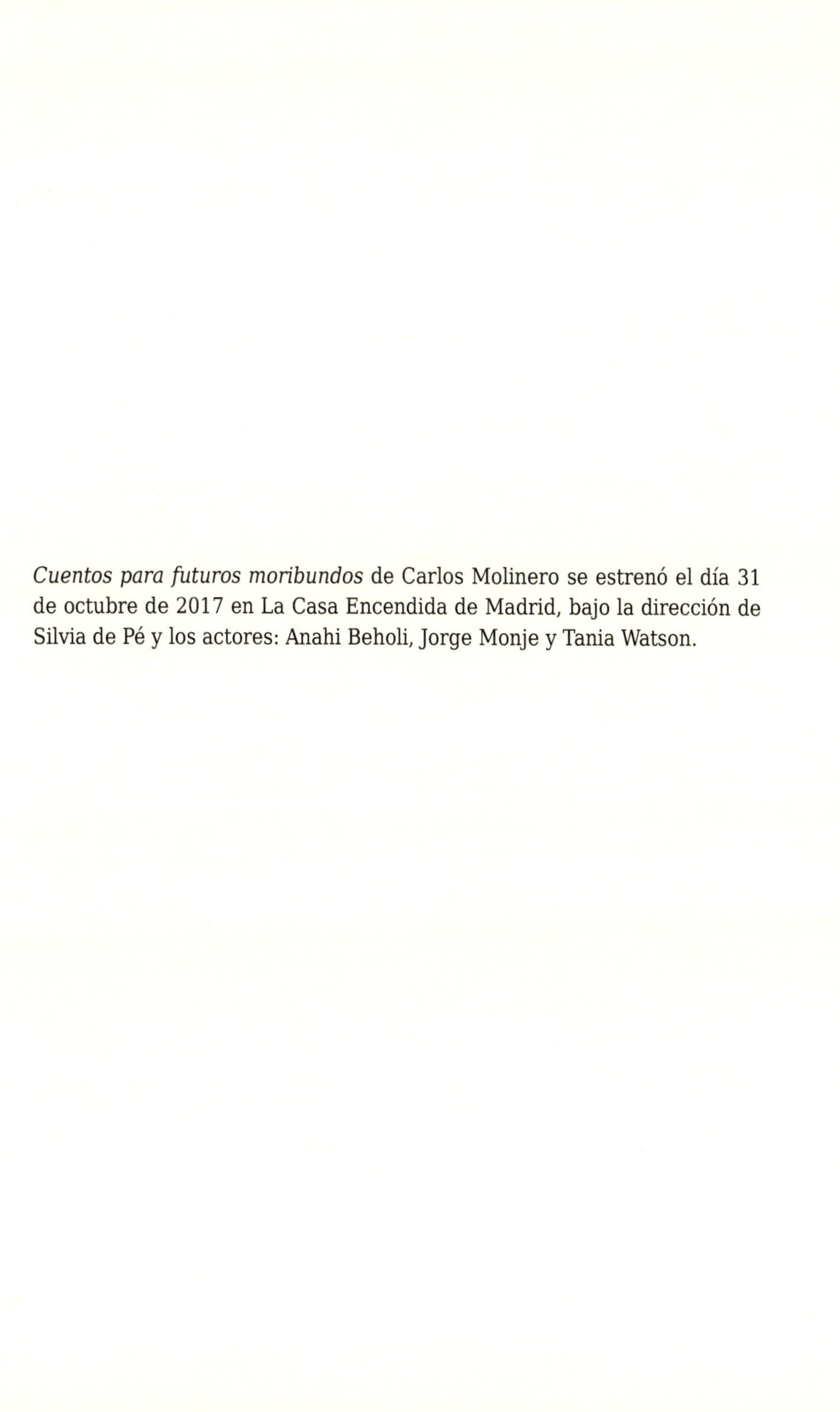

Cuentos para futuros moribundos de Carlos Molinero se estrenó el día 31 de octubre de 2017 en La Casa Encendida de Madrid, bajo la dirección de Silvia de Pé y los actores: Anahi Beholi, Jorge Monje y Tania Watson.

PREVIO:

a) Los encabezados serán leídos por el sintetizador de voz de Google o similar.

b) La fotografía la adjunto. Es de una mujer y un hijo aprisionados por un terremoto hace miles de años. No sé realmente si es una imagen que ha de verse de fondo o entregarse en forma de programa para no despistar, pero el espectador tiene que verla de algún modo antes de la función.

c) Los sonidos son una sugerencia.

1. ÉRASE UNA VEZ UN LABORATORIO DE UNA MARCA DE COCHES QUE TODOS CONOCEMOS

EVA.– 1,2 gramos por metro cúbico.

MARTIN.– Será 0,12 gramos por metro cúbico.

EVA.– 1,2 gramos por metro cúbico.

JULIA.– No puede ser. ¿Cuándo es la demostración?

EVA.– La semana que viene.

JULIA.– Van a exigir responsabilidades.

MARTIN.– Reiniciemos el sistema.

EVA.– ¿Para qué si no hemos modificado nada?

MARTIN.– Hemos afinado el proceso de expulsión.

JULIA.– Ajustado la inyección.

EVA.– Pues eso, nada.

MARTIN.– ¿Quién fue el imbécil que dijo que podríamos tener menos de 0,15 partículas de óxidos nitrosos por metro cúbico con tres meses de desarrollo?

EVA.– Tú

JULIA.– Tú.

EVA.– Podríamos rediseñar el catalizador, eso seguro que baja las emisiones.

JULIA.– Van a pedir responsabilidades.

MARTIN.– Si tuviéramos seis meses más.

JULIA.– ¿Cuándo es la demostración?

MARTIN.– Sigue siendo dentro de una semana.

EVA.– Yo no puedo perder este trabajo, acabo de tener un hijo.

JULIA.– Y yo tengo una hipoteca.

MARTIN.– Yo tengo una hipoteca con una clausula suelo, una hija de dos años que no duerme y dermatitis atópica.

JULIA.– ¿Y qué tiene que ver la dermatitis?

MARTIN.– No sé qué pica más.

EVA.– 1,2 gramos por metro cúbico.

2. *SERÁ UNA VEZ UN CUBÍCULO*

De fondo el sonido de un ventilador.

SARA siempre habla controlando la respiración, intentando no gastar oxígeno al hablar.

SARA.– Hijo mío, despacio, más despacio. Inspira... aguanta el aire, así. Mira el libro que te regaló tu abuela. Antes todo era así. No, no había dragones, ni brujas, pero había estrellas visibles y bosques protecciones de pseudovinilo. Espira... Inspira. No pienses en las chimeneas infinitas en las que trabajo, piensa en los árboles entre los que caminaban dos hermanos perdidos, en el viento, en cielo que antes era azul. Saca de tu cabeza nuestro cubículo y piensa que el ruido del extractor es el de la brisa del mar que hablaba a una sirena que se quedó muda, en un tiempo en el que el mar podía rozarnos sin matarnos. No hables, no... despacio... muy despacio.... así, mejor... imagina un río, un río frío y caudaloso, supongo que no sabes lo que era un río, claro no sabes lo que era, era agua, agua... no como el mar, no como la lluvia, no. Era agua que caía desde las montañas... coge aire, más lento, más lento, cierra los ojos así, así, muy bien despacio. Aguanta, piensa, imagina, un río, espira. Despacio, bien... Inspira...

3. ÉRASE OTRA VEZ UN LABORATORIO DE UNA MARCA DE COCHES QUE TODOS CONOCEMOS

JULIA.– 1,2 gramos por metro cúbico.

RALPH.– ¿Y eso es mucho?

EVA.– Sí, mucho.

RALPH.– ¿Y eso es malo?

EVA.– Mucho.

RALPH.– No me divierte, no me divierte nada.

JULIA.– Hemos intentando optimizar el gasto de combustible para absorber las partículas de óxidos nitrosos, pero entonces aumentamos el consumo de forma no lineal...

RALPH.– Me aburro.

EVA.– Podemos reducir la emisión a costa de perder potencia en determinados períodos de funcionamiento.

RALPH.– Me aburro... mucho.

JULIA.– Con unos meses más de investigación.

RALPH.– Gastar más combustible, no es divertido, perder potencia, no es divertido, no cumplir los plazos del calendario, no es divertido, y si no es divertido no me hace feliz y si no soy feliz yo, que soy el OverDivision Director, mis subordinados tampoco.

EVA.– Nosotros ya no somos felices.

JULIA.– Nada felices.

RALPH.– TESIS. La felicidad en los trabajadores ha de ser siempre una meta, nunca una realidad.

EVA.– Si nos deja explicarle.

RALPH.– Hay unos objetivos que cumplir en un calendario y si no se cumplen hay que buscar a los agentes responsables de ese incumplimiento. Luego vendrán las explicaciones.

EVA.– Necesitamos replantear el diseño, el modelo lanza una cantidad muy superior a la permitida de óxidos nitrosos, tenemos que volver a empezar.

RALPH.– Me aburro.

JULIA.– Ha sido culpa de Martin.

RALPH.– ¿Quién es Martin?

EVA.– Está a punto de llegar.

RALPH.– TESIS. La gente impuntual nunca es eficiente.

EVA.– Tiene una hija pequeña que no duerme.

RALPH.– Me aburro.

JULIA.– Él nos hizo seguir su modelo. Yo siempre me negué. Siempre. Nos obligó.

RALPH.– TESIS. Un modelo erróneo siempre parte de una mente errónea.

4. *DENTRO DE MUCHO, MUCHO TIEMPO*

DRA. CYLION.– Ciliadas sapindurías, doctos reductantes, alumnúticos presociales. Neg mitolisis, Neg deíticas burbujeras, la revelación intragélida, el hallazgo de los dos especímenes nos descama y lanza fotobrillo novedante sobre los repúgnidos, a los que prefiero citar como oxidosos, repúgnidos es una mítica desalación, oxidosos es más acurado, porque tenemos que abandonar la natural asqueza por unos patudos rellenos de piedra que necesitaban para vivir el gas que quema y finalmente mata. Que los oxidosos fueron previos queda resonante ya para cualquier multicilio con un mínimo de interior flotancia y salinidad, pero esta rotancia vengo a demostrar que no solo fueron, sino, contengan sus vacuolas ácidas, repriman sus folículos iridiscentes, déjenme llegar al último esquimo, los oxidosos, no solo fueron precilantes y norreductores, fueron pensantes. Por favor, un momento, tal vez sin una abstractura ácida y mitósica, sin una pensancia espumosa y fotoquímica, pero me atrevo a decir que pensaron más allá de las protofunciones. Y si me permiten fosfopercibirán mi disolución a lo largo de esta conciliada parlatura.

5. *SERÁ UNA VEZ UNA LLAMADA*

No hay ruido de ventilación.

MAMIBOT.– *(Habla despacio y amorosa)* ¿Buenos días, consumidora, en que puedo ayudarla?

SARA.– Estoy en casa y creo que hay algún fallo en el suministro de aire, la atmósfera está muy cargada. Es urgente. Tengo un hijo enfermo.

MAMIBOT.– En su unidad familiar el suministro de aire ya no está disponible.

SARA.– ¿De qué está hablando?

MAMIBOT.– Han superado el límite de inspiraciones por unidad familiar.

SARA.– ¿Desde cuándo hay un límite al número de inspiraciones?

MAMIBOT.– Le aconsejo que consulte el acuerdo de suministro. Cláusula novena. Punto F. Condiciones para la suspensión del servicio.

SARA.– ¿Entonces van a asfixiarnos lentamente?

MAMIBOT.– Si no consiguen una ampliación del servicio o una fuente alternativa de ventilación el resultado será la baja definitiva de la unidad familiar. Por suerte en su contrato está incluida una cláusula de suministro de sustancias hipnóticas para transitar la baja sin angustia. ¿Quiere ejercitar esa clausula?

SARA.– ¿Qué tengo que hacer para ampliar el servicio?

MAMIBOT.– Consultados sus datos bancarios no creo que eso sea posible.

SARA.– Mi hijo, está enfermo.

MAMIBOT.– Consultados sus datos bancarios no creo que eso sea posible.

SARA.– Puedo conseguir algo de dinero. Denme un poco de tiempo.

MAMIBOT.– Consultados sus datos bancarios no creo que eso sea posible.

SARA.– ¿Hay alguna otra forma de ampliar el suministro?

MAMIBOT.– Su categoría de consumidora no tiene acceso a ese servicio.

SARA.– ...

MAMIBOT.– ¿Desea realizar alguna consulta más?

SARA.– Quiero hablar con un operador. Con un operador humano.

MAMIBOT.– Su categoría de consumidora no tiene acceso a ese servicio.

SARA.– ¿Con quién puedo hablar que no seas tú?

MAMIBOT.– En su contrato tiene derecho a dos minutos de coaching personalizado de una unidad de nivel cognitivo avanzado sin el módulo diplomático.

SARA.– Por favor, con quién sea.

MAMIBOT.– Le informo que esta conversación también será grabada y que puede acceder y comentar a través de los canales habituales de acceso y rectificación. Recuerde solo tiene dos minutos.

BRUTOBOT.– *(Habla muy rápido)* Buenos días, consumidora.

MAMIBOT.– Le quedan un minuto y cincuenta y siete segundos.

SARA.– Buenos días. Nos han cortado el suministro de aire y tengo un hijo ~~que necesita cuidados.~~

BRUTOBOT.– La media de inspiraciones de su unidad familiar está descompensada por el usuario 2.3 en el árbol de descripción parenteral. Dar de baja al usuario 2.3 devolvería a su unidad familiar a un nivel de superávit de tres puntos por encima de su contrato.

SARA.– ¿Qué quiere decir con dar de baja?

BRUTOBOT.– Matarlo.

MAMIBOT.– Al ser personalizado tendrían derecho a una cabina individualizada para tramitar la baja definitiva del servicio de dicho usuario.

SARA.– Eso es una locura.

MAMIBOT.– Le quedan un minuto y treinta segundos.

BRUTOBOT.– Cualquier otra alternativa lleva a la baja del servicio del total de la unidad familiar en menos de 100 horas.

MAMIBOT.– Es lo mejor para todos.

BRUTOBOT.– La esperanza de baja en los casos como el del usuario 2.3 es de 1458 días.

SARA.– Quiero otra alternativa.

BRUTOBOT.– En mi árbol de proceso esta es la alternativa óptima. El usuario 2.3 es una penalización a su unidad familiar.

MAMIBOT.– Disfrute este mes de nuestra oferta: tramitación de la baja en una cabina de la felicidad, un bono de cinco meses de refrigeración extra y cuatro horas de solarium popular.

SARA.– ¿Y si soy yo la que se da de baja?

MAMIBOT.– Le queda un minuto.

6. ÉRASE DE NUEVO UN LABORATORIO DE UNA MARCA DE COCHES QUE TODOS CONOCEMOS

Esta escena es entre RALPH y MARTIN. El actor que ha hecho los dos personajes empezará la escena interpretando a ambos. Como si fuera alguien con doble personalidad.

RALPH.– ¿Usted es el que llega con retraso?

MARTIN.– Alguna vez. Tengo una niña pequeña que no duerme. Se llama Gretel.

RALPH.– TESIS. Llegar con retraso es muestra de un carácter débil.

MARTIN.– O de un atasco.

RALPH.– Me está discutiendo. Porque yo tengo razón. Y si usted me discute es que no tiene razón. Y no quiero trabajadores sin razón. Aunque viendo estos números, 1,2 gramos de partículas... me parece que este es el caso.

MARTIN.– Con un poco más de tiempo para rediseñar ~~el modelo~~...

RALPH.– Me aburro. Sus compañeras ya me han informado de todo. De que usted es el responsable total de esta fiasco.

MARTIN.– Eso le han dicho.

ACTRIZ 1.– No se están enterando.

ACTOR.– ¿Qué dices?

ACTRIZ 1.– Pues que no se entiende.

ACTOR.– Pero perfectamente.

ACTRIZ 1.– Esa señora de ahí, no se ha enterado de nada.

ACTOR.– Si quieres le pregunto.

ACTRIZ 2.– No rompamos la cuarta pared, no rompamos la cuarta pared. Que luego la gente se suelta.

ACTOR.– ¿Entonces que hacemos?

ACTRIZ 1.– Yo puedo hacer uno de los personajes.

ACTOR.– Vamos, que todo es para pillar más líneas de texto.

ACTRIZ 1.– Si es que me habéis dejado muy poca cosa, que no hay quién se luzca.

ACTOR.– Bueno, de quién quieres hacer del jefe o de Martin.

ACTRIZ 1.– Un momento.

Cuenta las líneas.

ACTRIZ 2.– ¿Estás contando las líneas?

ACTRIZ 1.– No. Del jefe. Tú haces del ingeniero.

ACTOR.– Vale, entonces seguimos.

ACTRIZ 1.– No, no, desde el principio.

ACTRIZ 2.– Pero entonces vamos a repetirnos.

ACTOR.– Me aburro.

ACTRIZ 1.– Que no, que el jefe lo hago yo.

ACTOR.– No lo digo como personaje. Lo digo como yo. Vamos a darnos prisa. Tú eres el jefe, yo el ingeniero que tiene el motor que echa nitrosos.

ACTRIZ 2.– Óxidos Nitrosos.

ACTOR.– ¿Podemos empezar ya?

ACTRIZ 1.– Espera que entre en personaje.

Hace algún ritual absurdo y se transmuta en Ralph.

Todo este texto es orientativo lo importante es que se entienda la situación y la ruptura del flujo narrativo. Mientras más casual parezca, mejor.

RALPH.– ¿Usted es el que llega con retraso?

MARTIN.– Alguna vez. Tengo una niña pequeña que no duerme. Se llama Gretel.

RALPH.– TESIS. Llegar con retraso es muestra de un carácter débil.

MARTIN.– O de un atasco.

RALPH.– Me está discutiendo. Porque yo tengo razón. Y si usted me discute es que no tiene razón. Y no quiero trabajadores sin razón. Aunque viendo estos números, 1,2... me parece que este es el caso.

MARTIN.– Con un poco más de tiempo para rediseñar el modelo...

RALPH.– Me aburro. Sus compañeras ya me han informado de todo. De que usted es el responsable total de esta fiasco.

MARTIN.– ¿Responsable total del fiasco?

RALPH.– No repita, por favor.

MARTIN.– Si pudiéramos posponer ~~la demostración para~~.

RALPH.– Me parece que no entiende la situación. Me parece que no comprende el significado de la palabra calendario, compromiso, resultados, despido.

MARTIN.– ¿Despido?

RALPH.– Insisto, no repita lo que digo. Me aburre.

MARTIN.– Pero los resultados están muy lejos de ser los previstos.

RALPH.– TESIS. El despido es como la lluvia.

MARTIN.– No entiendo.

RALPH.– Si fuera puntual lo entendería.

MARTIN.– Si me deja mostrarle ~~los datos de~~...

RALPH.– Lo único que quiero que me muestre es 0,12 en los medidores el día de la prueba delante de los accionistas.

MARTIN.– Pero eso es imposible.

RALPH.– Entonces aplique mi tesis.

MARTIN.– ¿Cuál de ellas?

7. *ÉRASE O SERÁ OTRA VEZ*

MARTIN.– Junto a un bosque muy grande vivía un pobre leñador con su mujer y dos hijos; el niño se llamaba Hänsel, y la niña, Gretel.

Apenas tenían qué comer, y llegó un momento en que el hombre ni siquiera podía ganarse el pan de cada día. Estaba el leñador una noche en la cama, cavilando y revolviéndose, dijo, suspirando, a su mujer:

- ¿Qué va a ser de nosotros? ¿Cómo alimentar a los pobres pequeños? - Se me ocurre una cosa -respondió ella-. Mañana, de madrugada, nos llevaremos a los niños a lo más espeso del bosque. Les encenderemos un fuego, les daremos un pedacito de pan y luego los dejaremos solos para ir a nuestro trabajo. Como no sabrán encontrar el camino de vuelta, nos libraremos de ellos. - ¡Por Dios, mujer! -replicó el hombre-. Eso no lo hago yo. ¡Cómo voy a cargar sobre mí el abandonar a mis hijos en el bosque! No tardarían en ser destrozados por las fieras. - ¡No seas necio! -exclamó ella-. ¿Quieres, pues, que nos muramos de hambre los cuatro? ¡Ya puedes ponerte a aserrar las tablas de los ataúdes!

8. SERÁ UNA CHIMENEA EXPULSORA DE CALOR

De fondo un viento asesino y arrollador.

SARA.– Viento: 105 kilómetros. Podemos hacerlo.

1 COLEGA.– ¿Altitud?

2 COLEGA.– 3504 metros desde la base de la chimenea. No me gusta currar tan arriba.

1 COLEGA.– Avisa cuando baje de 100.

2 COLEGA.– No me acostumbro a este frío.

SARA.– 110.

2 COLEGA.– Mañana viene otro. Cada vez son más fuertes.

SARA.– 98.

1 COLEGA.– Ahora.

SARA.– 1 fijado.

2 COLEGA.– 2 fijado.

1 COLEGA.– 5 fijado.

2 COLEGA.– 4 fijado.

SARA.– 3, joder.

2 COLEGA.– ¡Cuidado!

1 COLEGA.– Hay más de cien kilómetros por hora. Sujétate, no lo intentes.

2 COLEGA.– El arnés, cuidado.

SARA.– 3 fijado.

1 COLEGA.– Si vuelves a desobedecerme daré parte para que trabajes más abajo, menos categoría, menos sueldo.

SARA.– El siguiente panel está a 3921 metros de altura.

2 COLEGA.– Mucho viento para subir tan arriba.

1 COLEGA.– ¿Te da igual lo que te he dicho?

SARA.– 90 kilómetros hora. Voy subiendo.

2 COLEGA.– Le da igual todo. Va a darse de baja.

1 COLEGA.– Laboral.

2 COLEGA.– Total.

1 COLEGA.– ¿Por qué?

SARA.– Por mi hijo. Los pulmones no le funcionan bien y dicen que respira demasiado.

1 COLEGA.– ¿Y cómo va tu familia a seguir pagando el suministro si tú no estás?

2 COLEGA.– Se lo he dicho. Con lo que gana su marido en tres meses estarán igual.

1 COLEGA.– Sí, pero ella no lo verá. Como subías, sin miedo al viento ni a la altura, pensaba que eras una mujer valiente, pero ahora entiendo que solo tenías miedo, tanto, que lo único que te lo quitaba era el ruido del viento.

2 COLEGA.– Vas a matar a toda tu familia para que tu hijo viva unos días más y luego muera igualmente.

SARA.– 94, tenemos que subir ahora.

1 COLEGA.– Para eso que vas a hacer, mejor cruza las puertas.

SARA.– ¿Salir fuera?

2 COLEGA.– Y morir de forma lenta y dolorosa.

1 COLEGA.– Dicen que después de las últimas chimeneas hay un valle en el que tal vez se pueda respirar.

2 COLEGA.– Para morir entonces de frío, de hambre o devorado por perros.

1 COLEGA.– Al menos morirás despierta.

SARA.– 96. Arriba.

2 COLEGA.– No me acostumbro a este frío.

9. ÉRASE POR CUARTA VEZ UN LABORATORIO DE UNA MARCA DE COCHES QUE TODOS CONOCEMOS

EVA.– No vas a decir nada.

JULIA.– Déjalo.

EVA.– Lo siento.

JULIA.– Yo no.

EVA.– Sabes como funcionan las cosas en esta empresa.

JULIA.– No me arrepiento de nada. Dije la verdad.

EVA.– Acabo de tener un hijo.

JULIA.– Era uno o los tres. Ha sido lo más racional.

MARTIN.– Arranca el modo análisis.

EVA.– ¿Quieres que hable con ellos?

MARTIN.– Dime las mediciones.

JULIA.– 0,12.

EVA.– Será 1,2.

JULIA.– No, es 0,12.

EVA.– Tiene que haber un error.

JULIA.– No, parece que todo está bien.

MARTIN.– Eso es, parece.

EVA.– ¿Qué has hecho?

MARTIN.– Parecer.

JULIA.– ¿El qué?

MARTIN.– Que cumplimos la normativa. Cuando el coche vaya por carretera las emisiones son las que sabemos, pero cuándo lo sometan a un test, detectará esas condiciones y el software se modificará para bajar la potencia y el nivel de emisiones.

EVA.– Pero entonces el coche va a contaminar diez veces más de lo permitido.

MARTIN.– Ya lo arreglaremos. De momento ganamos tiempo.

EVA.– Yo no estoy muy segura de esto.

MARTIN.– ¿Crees que solo me echarán a mí, que vosotras no caeréis?, tal vez no ahora, pero en tres meses.

JULIA.– ¿Qué tenemos que hacer?

MARTIN.– Callar.

10. DENTRO DE MUCHO, MUCHO Y UN POCO MÁS DE TIEMPO

DR REDOX.– Docta vacuolidad, su tratación ha sido salada, pero poco férrica. Según su parlatura no estamos ante un ejemplo de absorción o devoración típico de los repúgnidos. Le hago memorización de que estos protoseres debían partirse como nosotros, porque no hay otra forma posible de generación que no sea la mitósica, pero en determinado momento los especímenes que perdían más contenido y por lo tanto eran más débiles, eran absorbidos por los repúgnidos de mayor tamaño. Este fosilizante hallazgo solo confirma la teoría. Un repúgnido de tamaño gigantoso retiene a un repúgnido más débil y envejizado para intrabeber sus fluidos.

Pero su inferez más tróxiquera es la rezumante a las muestras vegetales halladas junto a esta pareja de repúgnidos. Según su pulsatez no solo son artificiadas, sino que criptan un código en unas manchas. Un código pensativo, repensante y conceptuoso. Los especímenes y esas muestras son del tiempo oxidoso previo al gélitron incinerante, que estimamos como en 500 millones de hiper rotaduras.

Esto quiere decir que los repúgnidos vivieron antes del gelitrón, si según su nucleósidad eran pensativos, ¿por qué no hicieron nada ante la corrupción de su entorno de respirancia? Ellos que no podían subsumirse como nosotros en los líquidos profunderos, ¿por qué no detuvieron la reducción del envenenoso fluido gasífico? ¿Por que siguieron con la intratoxicación de sus oxidadores? ¿Y si esas manchas son un código? ¿Qué infradice?

Apreciliada colegura, el necrosueño de unas civilizantes, párlicas y hasta pensantes creaturidades previas a los multicilios fosforescentes es una mitosidad, una resonancia premitósica, una comunicatura para ciliados con núcleo desalado y atrófico. Que espero no sea el caso de su pulsulancia.

11. SERÁ OTRA VEZ UN CUBÍCULO

La madre intenta con el padre y doctora. Lo mejor para todos.

SARA.– Claro, puedes llevarte el libro de cuentos. No, ya no puedo leerte ninguno, los médicos ya están aquí. Pero sin agujas, hijo, esta vez sin agujas. Respira, despacio, muy despacio. No puedo ir contigo, pero seguro que va a ser un juego muy bonito. Lo vas a pasar muy bien. Respira..., tranquilo..., espira. Solo te llevan a dormir, como la bella del cuento, como el demonio al que arrancaban los pelos, solo a dormir. Ya no tendrás que tener miedo a las estratormentas, a los bombardeos de rayos UVA, al frío. Respira, despacio, inspira..., sí, claro que sí, yo iré luego, estaré allí cuando despiertes, pero ahora inspira..., respira... claro, lleva el libro en la mano, nadie va a reñirte. Nadie va a reñirte nunca más.

12. ÉRASE POR ÚLTIMA VEZ UN LABORATORIO DE UNA MARCA DE COCHES QUE TODOS CONOCEMOS

RALPH.– TESIS. El miedo fomenta la productividad.

MARTIN.– 0,12.

EVA.– 0,12.

JULIA.– 0,12.

MARTIN.– Gracias, han sido unos días agotadores.

EVA.– Ajustamos el software, él se encargó de pulir el producto final.

JULIA.– Es el mejor motor del mercado.

RALPH.– TESIS. El miedo nos hace avanzar.

EVA.– La clave, es una solución muy técnica y complicada de explicar.

MARTIN.– No, no lo he hecho por ascender.

JULIA.– Sí, claro que me veo dirigiendo una división.

RALPH.– TESIS. El miedo es desarrollo.

JULIA.– ¿Cuándo pagarán el bonus por consecución de objetivos?

MARTIN.– Entraremos en fabricación inmediatamente.

EVA.– ¿Cuándo revisaremos el motor?

RALPH.– TESIS. Para evitar que un miedo no rentable pueda perjudicarnos hay que generar un miedo cercano y monetizable.

EVA.– Si algún día me pregunta mi hijo, ¿qué le diré?

MARTIN.– Hija mía, lo hice por ti.

JULIA.– ¿Cuánto cuesta?

RALPH.– TESIS. El miedo nunca es aburrido.

13. SERÁ UNA VEZ UNA MÓDULO HIPNÓTICO DE BAJA DEL SERVICIO

En el parlamento de Mamibot las mayúsculas las pronunciará Brutobot. Brutobot habla seco, rápido, como un sintetizador de voz de primera generación.

Este parlamento es un ejemplo.

MAMIBOT.– Hola,

BRUTOBOT.– HANSEL,

MAMIBOT.– ...deja de mirar ese libro de cuentos antiguos. Ya no los necesitas. Cierra los ojos y olvida esas imágenes. Yo voy a contarte un cuento para el último sueño. El cuento más bonito que oirás nunca porque es solo para ti. Para que duermas feliz para siempre. Tú cuento será tan dulce como el...

BRUTOBOT.– HELADO DE CHOCOLATE...

MAMIBOT.– ...que tanto te gusta y habrá un...

BRUTOBOT.– ...CACHORRO PELUDO 100% ORGÁNICO...

MAMIBOT.– ...y una...

BRUTOBOT.– MOTO.

MAMIBOT.– Respira hondo, HANSEL, respira todo lo que quieras, respira, coge aire mi pequeño HANSEL. En tu cuento habrá nubes blancas, aire cálido y un atardecer tan rojo como la sangre y tan tierno como tu CACHORRO PELUDO 100% ORGÁNICO.

Escucha, cierra los ojos y duerme.

Érase una vez un niño que se llamaba HANSEL y tenía un CACHORRO PELUDO 100% ORGÁNICO, pero en su casa nunca había HELADO DE CHOCOLATE.

SARA.– Hansel, despierta, hijo, despierta, abre los ojos, despierta.

MAMIBOT.– Un día mientras iba en su MOTO acompañado de su CACHORRO PELUDO 100% ORGÁNICO descubrió una carretera con una puerta.

SARA.– Hijo, dame la mano, despierta, vámonos, vámonos ya.

MAMIBOT.– Por favor, HANSEL, quédate conmigo.

SARA.– Corre, hijo, ¡corre!

MAMIBOT.– ¿No quieres un poco de HELADO DE CHOCOLATE?

14. ÉRASE UNA VEZ UNA RUEDA DE PRENSA EN REFERENCIA A LA MARCA DE COCHES QUE TODOS CONOCEMOS

RALPH.– La hemos cagado por completo. Hemos sido deshonestos con la EPA, hemos sido deshonestos con el consejo de la ARB, hemos sido deshonestos con todos ustedes. Tenemos que arreglar los coches para evitar que esto vuelva a suceder y tenemos que hacerlo bien. Este tipo de comportamiento va totalmente en contra de nuestros principios.

Vamos a seguir con nuestros intensos esfuezos para lograr compatibilizar el medio ambiente con nuestros modelos de diesel y gasolina.

El diésel tiene que pelear en estos momentos contra una gran oposición tanto en la opinión pública, como del lado político. En nuestra opinión, el diésel moderno es parte de la solución, no del problema.

Todavía estará con nosotros un tiempo y seguirá representado dos tercios del mercados de vehículos nuevos hasta 2030. Pero eso también significa que el otro tercio será de eléctricos. El avance para la "e-mobilidad" será real a largo plazo. Y estamos dispuesto a hacer de la "e-mobilidad" un nuevo sello distintivo de nuestra compañía.

Además los resultados de la auditoría interna se han enviado al bufete internacional más prestigioso y por lo tanto podrá contribuir a identificar a los agentes responsables.

Al hacer esto somos conscientes de que todo lo que es legal no es moralmente aceptable.

En cualquier caso también será un año en el que aceleraremos la transformación en curso. En el que sentaremos las bases para el futuro del Grupo.

Planeamos aprovechar esta situación para convertirla en una que nos lleve al crecimiento y a la rentabilidad.

15. SERÁ UNA VEZ LA NATURALEZA

El sonido de un respirador o de una bombona de aire comprimido que va siendo tapada por el del viento.

SARA.– Sí, está muy fría. Antes era blanca, se convertía en agua helada al rozarnos las mejillas, no como ahora que las mancha de ceniza.

Vamos, hijo, un poco más, un paso más. Tenemos que pasar las últimas chimeneas. Si hubiera sol su sombra sería casi infinita. El sol te habría gustado tanto.

Antes no había chimeneas, ninguna, se podía mirar al horizonte sin interrupción. Aprieta mi mano, niño, ya queda menos, no te pares, tenemos que seguir.

Yo también tengo mucho frío, pero cuando lleguemos, cuando estemos en el valle podremos descansar, pero no ahora.

Ahora ninguno tiene hojas, ahora nada tiene hojas que no sean diseñadas, pero más allá de las chimeneas podremos vivir tú y yo, sin miedo.

No, no, ahora no es el momento de parar a leer cuentos, sigue un poco, no, no, tranquilo, respira despacio, sí, sí, pararemos, un momento, respira..., inspira..., pararemos, pero no podemos quedarnos aquí, cuando llegue no podemos quedarnos aquí. Sé que viene porque conozco al viento, sé como nace, como crece, cuando juega y cuando asesina. Y el que viene es un asesino.

Así, despacio, despacio..., inspira..., respira..., no, no cierres los ojos, mírame, mira como cae la nieve negra, como el viento se acelera y la lanza contra las estructuras de metal, siente el frío en tu cara, no, no mires la nieve, mejor no, ella te engaña y te hipnotiza, lo está haciendo conmigo, mira más arriba.

Abrázame fuerte, hijo, muy fuerte, siente mi calor, siente mi corazón. No, no pienses en los cuentos, no cierres los ojos, arriba, arriba del todo están las estrellas. Ya sé que no las ves por las nubes que nos aprisionan, pero yo las he visto, arriba de las chimeneas, cuando era joven, pasé por encima de las nubes y las vi, millones de luces mirándome. Míralas a ellas, no pienses en cuentos, ni en bosques que nunca volverán, imagina las estrellas, respira..., inspira..., más despacio, hijo, mío, más despacio, no te duermas, por favor, no cierres los ojos, no sueñes, no me sueñes, las estrellas, por encima de la nieve, míralas, mírame, pero no te duermas. Sé que es difícil con el viento negro verme, respirar, pero no te duermas.

Vamos hijo, yo te llevaré. El frío, el frío y el viento no pueden hacernos daño si estamos juntos. No debemos temer a la nieve negra y al viento que...

16. DENTRO DE MUCHO, MUCHO Y TODAVÍA UN POCO MÁS DE TIEMPO

Alegato final Doctora Cylion.

DRA. CYLION.– Pulsátiles colectados, mi insistez no es baja salinidad, es efervescencia ribosómica, por qué habrían de seguir los oxidosos unos patrones similares a los ciliantes. Mi dudez ante la imagen vistosada es nuestro desconocimiento de las formas de absorción y alimentarismo de los oxidosos. Inferir que estamos frente a una escenosidad de devoración es mucha aventurancia.

Pero lo más gradiente respecto al código hallado en la estructura yo creo que procesada, que aún no pueda lecturarlo no significa que no esté allí. Procesamos que la única forma de abstractura es la electrosálica y fosfórica, ¿por qué?

Llevo muchas rotaduras estudiando los oxidosos, subiendo de nuestra oscurancia a la refulgez seca, al exterior abrasante, y con los fosilismos y las excresustancias difiero que tuvieron una constructa y una fabriquez. Y creo que las probosidades que tenemos lo remuestran.

¿Cómo no impidieron el gelatronismo? ¿Qué llevo a él? ¿Cuándo o cómo influyeron en la incinerancia fin de ciclo? Muchas dudeces, pero sin infrarespuestas que dan los cilios más protozoicos.

Pero permeando las pruebas aquí vistas, y esta deductancia sí que no es probatoria, es solo destello fósico sin concretura, creo que lo oxidosos parlaturaban, relataban, y, creo, a riesgo de desabilarme, creo que soñaban.

LAVINIA

Gracia Morales

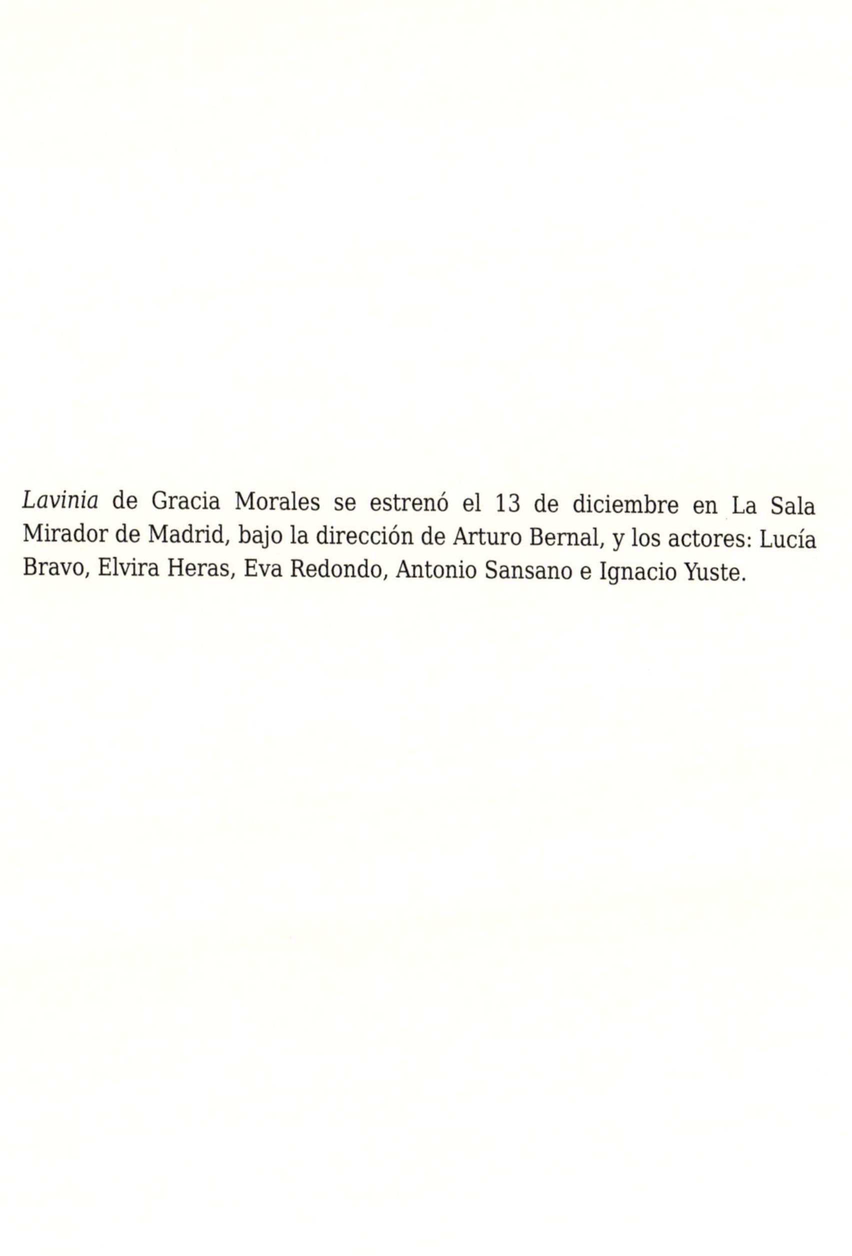

Lavinia de Gracia Morales se estrenó el 13 de diciembre en La Sala Mirador de Madrid, bajo la dirección de Arturo Bernal, y los actores: Lucía Bravo, Elvira Heras, Eva Redondo, Antonio Sansano e Ignacio Yuste.

"Parece que no acabamos de hacernos cargo de la dureza de las rupturas y discontinuidades históricas que tenemos por delante, vinculadas con la escasez de energía y materiales, el deterioro de las condiciones climáticas y ecológicas y el aumento de la conflictividad social y geopolítica -al borde del abismo-. [...] Quizá podríamos orientarnos según la perspectiva de un *ecosocialismo descalzo.*"

Jorge Riechmann

ANA.– Hubiera quedado mejor con tablones de madera. Más resistente, claro. Aunque habría estropeado la pared. Al clavarlos, quiero decir. ¿Me estás escuchando? En fin, ya da igual. Dónde íbamos a encontrar tablones de madera ahora...

BREN.– Podríamos arrancar la valla.

ANA.– ¿La valla?

BREN.– No sé. Lo digo por aportar algo.

ANA.– Arrancar la valla, menuda solución... ¿Y dejamos el jardín sin valla?

BREN.– ¿Por qué no? *Nos quedamos un momento en silencio. Sé que la he hecho dudar. Mi madre siempre duda. Pero, aún así, continúa cubriendo los cristales con cartón y poniendo aquí y allá cinta adhesiva. Yo no sé si eso va a servir de algo, pero ella necesita pensar que sí.*

ANA.– Iría más rápido si me ayudaras.

BREN.– No hay prisa. Según lo que han dicho, todavía falta como una hora. Quizá dos.

ANA.– *Miro a través de la última ventana que me queda por tapar. Ahí fuera, sólo casas vacías. Vulnerables y vacías.* Se han ido casi todos.

BREN.– ¿Cómo lo sabes?

ANA.– No están los coches. Sólo quedan los del número veinticinco.

BREN.– ¿Los del fox terrier?

ANA.– No. Esos no. Los del número veinticinco no tienen perro.

BREN.– Ellos sabrán lo que hacen. Cobardes. Ratas. Ratas huyendo, eso es lo que son. Ellos sabrán.

ANA.– Incluso los pájaros...

BREN.– ¿Qué?

ANA.– Los pájaros también se han ido. *Bren se pone a hacer fotos a las ventanas, a las estanterías desnudas, a las paredes de las que hemos descolgado todo lo que se podría caer. Se hace un selfie frente a la pantalla de la televisión.*

BREN.– Venga, ponte conmigo.

ANA.– Déjate de tonterías.

BREN.– Deberías tomártelo como una aventura. Vamos, di "whisky"...

ANA.– ¡He dicho que no!

BREN.– *Mi madre coge el mando de la tele y sube el volumen, que habíamos silenciado hace un momento. La voz del mismo tipo de antes sigue dando datos. Los mismos putos datos: que si categoría 5, que si riesgo de tsunami, que si las "terribles consecuencias del cambio climático", que si la "paulatina subida del nivel del mar..." Ya está bien. No quiero oír más.*

ANA.– *Bren se acerca a la televisión y la apaga.*

BREN.– ¡Qué pesados son! No les hagas caso. Nos comen el coco. Nos meten miedo. Para eso sirve toda esa panda de mentirosos, para meter miedo a la gente.

ANA.– Todavía estamos a tiempo de marcharnos. Yo no estoy segura de si aquí dentro... *Bren parece no escucharme. Coge su móvil y se graba con él mientras habla.*

BREN.– En menos de una hora, esta casa estará en el ojo del huracán Lavinia. Hemos decidido resistir. Seremos más fuertes que la naturaleza. No nos dejaremos vencer. Aquí, como náufragos en medio de la destrucción, resistiremos. Sin vecinos, sin policía, sin pájaros. No sé hasta cuándo podré conectarme con vosotros, amigos. Si muero hoy, mi deseo es que me incineren y que mis cenizas sean esparcidas por el mar.

ANA.– ¡Deja eso! Esto no es un juego. *Ella se ríe. Se ríe de mí. Se ríe de todo.*

BREN.– ¡Verás cómo va a funcionar este vídeo en youtube!

ANA.– Ni se te ocurra subir eso...

BREN.– Mis colegas van a flipar.

ANA.– ¡Ya está bien!

BREN.– Es mi móvil. Dámelo.

ANA.– No.

CELIA.– *Cuando entro en el comedor, las encuentro enzarzadas en una pelea. Brenda intenta que su madre le devuelva el móvil. Ya lo ha conseguido.* No encuentro mi dentadura. ¿La habéis visto?

BREN.– *Mi abuela va en una silla de ruedas eléctrica.*

ANA.– *Tiene las rodillas atrofiadas por la artrosis.*

CELIA.– La guardo siempre en un estuche gris. Gris oscuro. Debería estar en mi cajón del cuarto de baño, donde suelo dejarla, pero no está. ¿La habéis cogido?

BREN.– ¡Qué asco, abuela! ¿Para qué vamos a querer tu dentadura postiza?

ANA.– ¿Cuándo te la quitaste?

CELIA.– Después de comer. Al echarme la siesta. Prefiero dormir sin la dentadura.

BREN.– ¡Joder! Deja ya de hablar de eso. Es vomitivo.

CELIA.– No podemos irnos hasta que no la encuentre.

ANA.– *Bren y yo nos quedamos calladas por un momento.*

BREN.– No nos vamos a ir.

CELIA.– ¿Cómo?

ANA.– Estábamos pensando que quizá...

BREN.– Hemos decidido que es más seguro que nos quedemos aquí dentro. En la casa.

ANA.– Bren piensa que si nos vamos va a ser peor. Que si el huracán nos pilla ahí, en medio de la carretera...

CELIA.– El alcalde ha dicho que desalojemos.

ANA.– Lo sé.

CELIA.– La policía ha dicho que desalojemos.

ANA.– Sí.

CELIA.– El presidente de la nación ha dicho que desalojemos.

BREN.– Menudo gilipollas...

CELIA.– Todos nuestros vecinos se han ido.

BREN.– Todos, no. Los del fox terrier siguen ahí.

ANA.– ¡No son los de fox terrier!

BREN.– Qué más da.

CELIA.– ¿De verdad crees que esta niñata tiene capacidad para decidir qué es lo mejor?

BREN.– Venga, abuela, que sólo es viento. ¿No me digas que le tienes miedo al viento?

CELIA.– Esta hija tuya es idiota.

ANA.– ¿Cuántas veces nos han dicho que teníamos que desalojar y luego no ha pasado nada, eh? Algún árbol caído y ya está.

CELIA.– Esta vez es diferente.

ANA.– ¿Por qué? ¿Por qué va a ser diferente?

CELIA.– Porque este huracán es más fuerte que todos los anteriores.

BREN.– ¿Tú te crees todo lo que te dicen?

ANA.– Y todo esto, lo que dejamos atrás. Lo que no podemos llevarnos. ¿No te importa? A mí sí. Estas cosas me importan. Son mías. Son parte de mi vida. Mis recuerdos... ¿Qué va a pasar con nuestras cosas si las dejamos aquí?

CELIA.– Aquí estarán cuando volvamos.

BREN.– O no. Hay algunos que entran a robar, aprovechando la situación.

CELIA.– ¿Quién dice eso?

BREN.– En Facebook, abuela. Lo dicen en Facebook.

CELIA.– Pero, vamos a ver... Ya estaba decidido. Ya habíamos aceptado que este lugar no es seguro.

ANA.– ¿Y conducir en medio del huracán sí lo es?

BREN.– Mamá no es Fernando Alonso al volante...

ANA.– ¿Has visto mi coche? Es pequeño. Es frágil. ¿Cómo sabemos que aguantará? ¿Cómo sabemos que... no sé... que la carretera no va a estar cortada o algo así?

CELIA.– *Ana se ha ido poniendo histérica a medida que habla.* Ana, escúchame. *Necesita mi ayuda.* Tú quieres lo mejor para nosotras, lo sé. *Me acerco a ella y le agarro las manos.* Y lo mejor es que nos alejemos de aquí. Lo han advertido una y mil veces. Que había que desalojar.

BREN.– *Mi abuela cree que fuera estará mejor. No se fía de estas paredes; para ella ésta es como la casita de paja del cuento de los cerditos, porque es moderna y todo lo moderno le resulta sospechoso. Por eso, cuando ese lobo llamado Lavinia llegue y nos sople, las paredes saldrán volando y quedaremos indefensas y a la intemperie. Eso cree ella. Y es posible, yo no lo sé. Pero prefiero estas paredes, aunque sean de paja, a lo que hay fuera. Esta casa es lo que yo conozco. Estoy hecha a su imagen y semejanza. Mi edredón, mi equipo de música, el sofá, el lavavajillas, la conexión wifi, la ducha cuya temperatura puedo graduar, el papel higiénico extralargo y extrasuave: esto es lo que yo conozco. Lo que yo soy. ¿En serio quieren que ahora salga ahí, a enfrentarme a ese lobo terrible que sopla y arranca casas a su paso? ¿Quieren que aprenda a correr, a luchar por mi supervivencia? Nadie me ha preparado para ser fuerte. No sé qué esperan ahora de mí.*

ANA.– Tienes las manos muy frías.

CELIA.– Es por el nerviosismo, siempre me pasa.

ANA.– Suéltame.

CELIA.– No.

ANA.– Me estás haciendo daño.

CELIA.– Da igual.

ANA.– He asegurado las ventanas. Y he guardado todo lo que podría volcar o salir despedido. ¿Lo ves? Dicen que el lugar más seguro es el baño.

CELIA.– ¿El baño?

ANA.– Sí. ¿Bren?

BREN.– ¿Qué?

ANA.– Has leído que el sitio más seguro en estos casos es el baño, ¿verdad?

BREN.– Sí.

ANA.– Además, hay mucha gente que desaparece cuando intenta huir. Que se salen del camino, por la falta de visibilidad. ¿Era así? ¿La falta de visibilidad?

BREN.– Eso creo.

ANA.– ¿Eso crees? ¿"Eso crees"? Eres tú quien me ha convencido de que íbamos a estar mejor aquí dentro.

BREN.– Ya lo sé.

ANA.– Teníamos las maletas hechas. Todo estaba preparado para marcharnos. Entonces has empezado a hablarme de lo peligroso que iba a ser que cogiéramos el coche. ¡Me has enseñado no se qué web de internet donde decían que el porcentaje de gente que muere…!

BREN.– No me grites.

CELIA.– Eso, no le grites a la niña. Claro que no. Faltaría más. La niña hace lo que le da la real gana y nadie le puede replicar. Porque la niña es quien más sabe en esta casa.

BREN.– Déjame en paz.

ANA.– *Nos quedamos un momento en silencio. Fuera empieza a llover, todavía de forma suave. Puedo escuchar el susurro que lame las paredes y las ventanas.* ¿Qué haces con esa maleta?

CELIA.– Buscar mi dentadura. Quiero tenerla a mano cuando entres en razón y digamos de irnos. No me mires así. Sin ella no puedo masticar. Además, me costó un ojo de la cara. ¿Me ayudas?

ANA.– No.

CELIA.– Aquí tampoco está.

ANA.– Lo estás desordenando todo.

CELIA.– ¿No la habrás escondido tú? ¡Niña!, deja eso y óyeme. ¿Me has escondido tú la dentadura?

BREN.– ¿Yo?

CELIA.– Sí.

BREN.– ¡Esto es la leche! ¿Para qué voy a querer yo tu dentadura?

CELIA.– Para que no podamos irnos.

BREN.– Estás chocheando.

ANA.– *Bren teclea en su móvil. Sus dedos golpean fugaces la pantalla, provocando ese sonido rítmico pic-pic-pic. Celia la mira con resentimiento, quizá esperando una disculpa que no llega. Después pone en marcha el motor de su silla para seguir buscando por el comedor. Su mano se mueve sobre el pequeño mando. Me quedo escuchando el pic-pic del móvil y el ruido del motor. Por un momento tengo la sensación de que esos dos sonidos se acompasan para decirme algo, algún tipo de mensaje oculto que no logro descifrar. Bren empieza a reírse.* ¿Qué pasa?

BREN.– Nada. Estoy chateando.

ANA.– ¿Chateando?

BREN.– Sí.

ANA.– ¿Con quién?

BREN.– ¿Qué más da? No, mamá. No pongas la tele otra vez. No van a decir nada nuevo.

ANA.– Tú chateas, yo veo la tele. Cada quien a lo suyo.

BREN.– *En la pantalla, imágenes de otras ciudades. Lavinia aproximándose.* ¿Eso dónde es?

ANA.– A unos trescientos kilómetros de aquí.

BREN.– ¿Ves? Te lo dije. No hay prisa. Pero, ¿qué hace ese tío ahí en medio?

ANA.– Está informando.

BREN.– ¿Informando? Si casi no se le oye. Que se meta dentro. Le va a caer un árbol encima.

CELIA.– Ya podemos irnos.

BREN.– *Mi abuela lleva su estuche gris en las manos.* ¿Dónde estaba? ¿Te la había escondido yo? ¿Eh? ¿Te la había escondido yo?

CELIA.– Capaz eres. Con tal de salirte con la tuya, capaz eres.

BREN.– Se cree el ladrón...

CELIA.– ¿Cómo?

BREN.– Pues que aquí a quien le gusta salirse siempre con la suya es a ti.

ANA.– Ya está bien.

BREN.– Es que es verdad. Ahí, en esa silla de ruedas, como una reina en un trono. Ana por aquí, Brenda por allá.

CELIA.– Sólo pido el respeto que merezco.

BREN.– "El sillón de la reina / que nunca se peina..."

ANA.– Brenda...

BREN.– “un día se peinó / y el sillón se rompió”...

CELIA.– ¿Y tú qué? Tú sí que eres una inútil. Menudo desperdicio de juventud. Todo el día ahí tirada en el sofá, esperando a que te lo den todo hecho, como una sanguijuela.

BREN.– ¡Una sanguijuela! ¡Te has pasado, ¿no?!

ANA.– Callaos las dos, por favor.

BREN.– Eso, tú quédate al margen. Como siempre. Eres su hija, mamá, no su criada, entérate.

ANA.– ¡Brenda!

BREN.– El abuelo no hubiera dejado que me hablara así. *Me voy. Necesito estar un rato a solas.*

CELIA.– ¡Tu abuelo se avergonzaría de ti si pudiera verte!

BREN.– *Cierro con un portazo.*

ANA.– ¡No ayudáis así, no me ayudáis así! *Me marcho a la cocina. Necesito beber algo, algo que me tranquilice.*

CELIA.– *Y me dejáis aquí, sola. Con mis dientes en la mano. Mejor me los coloco, sí. No quiero que el huracán me pille desdentada. Ya está. Mucho mejor.* ¿Ana? ¡Ana! *Nada, ni caso. Pobre Ana... Siempre tan indecisa en los momentos importantes. Espero que no estés tomando algo demasiado fuerte; algo para “tranquilizarte”, como dirías tú. Espero, porque tienes que sacarnos de aquí y si terminas medio borracha... Si yo pudiera conducir un coche, hace horas que me hubiera largado de este sitio. Sin vosotras si decidíais quedaros, “protegiendo” la casa. Porque ¿qué más da una casa? ¡Que se lo lleve todo el huracán! Lo único importante es vivir, como sea, donde sea. Yo ya sabía que esta urbanización estaba condenada cuando te mudaste aquí. Y tu padre también. Te lo dijimos, que esta tierra no era buena para edificar, que estaba demasiado cerca de la costa, pero a ti entonces no te importó. Te cautivaron las vistas. Claro. Todos hemos querido alguna vez* *tener una terraza desde la que se divise el mar, como si fuera un derecho que uno se gana con el paso del tiempo. Y éste era el riesgo. El huracán no es una maldición ni una venganza de los dioses: es una probabilidad cumplida. Una terraza con vistas al mar no puede durar para siempre.*

ANA.– *El ruido de la lluvia empieza a sonar mucho más intenso contra los cristales. Regreso al comedor. La televisión produce un extraño crujido y se apaga de pronto.* ¡Brenda! ¡Brenda!

BREN.– ¿Qué pasa?

ANA.– ¡Ya está aquí!

BREN.– No puede ser. Es... *Y entonces lo oigo: plas, plas, plas.* ¡¿Cómo ha llegado tan rápido?!

ANA.– *Furiosas gotas de lluvia...*

CELIA.– ... *aporrean los cristales de la casa.*

ANA.– ¡Al baño! ¡Vamos al baño!

CELIA.– ¡No! Todavía estamos a tiempo de alejarnos de esto.

BREN.– Vamos, abuela.

CELIA.– ¡No!

ANA.– Ayúdame a empujar la silla.

CELIA.– ¡No! ¡No me obliguéis! *Entonces me tiro al suelo. Mis piernas no logran moverse, pero repto alejándome del baño. Grito. "¡No quiero que me metáis ahí! ¡No quiero morir ahí dentro!" Por un momento se quedan atónitas, mirándome. "¡Asesinas! ¡Asesinas!" Me retuerzo en el suelo. Grito con todas mis fuerzas. Bienvenidas a mi propia furia: aquí, ahora, estalla mi propio huracán.*

ANA.– *Pero justo entonces, algo golpea con fuerza una de las ventanas.*

BREN.– *Parece la rama de un árbol.*

CELIA.– *Toc, toc, toc.*

ANA.– *Como si Lavinia llamara a la puerta antes de entrar.*

CELIA.– *Por un momento nos quedamos quietas las tres,*

ANA.– *aguantando la respiración,*

BREN.– *hasta que los cristales estallan.*

ANA.– Tendría que haberlos cubierto con tablones de madera.

CELIA.– Santa María, madre de Dios, ruega por nosotros, pecadores. Ahora y en la hora de nuestra muerte, amén.

BREN.– ¡Mamá, ayúdame! *¡No reacciona!* ¡Mamá! *Está como en shock. Hilos de sangre recorren su cara.* ¿¡Qué hacemos ahora?! ¡Mamá!

CELIA.– Padre Nuestro, que estás en los cielos, santificado sea tu nombre. Venga a nosotros tu reino, hágase tu voluntad así en la tierra como en el cielo.

BREN.– *Mi abuela, tirada ahí, como un extraño lagarto que reza en voz baja. Me arrodillo a su lado, trato de levantarla sobre mis hombros. Avanzo hacia el baño. Me siento una gigante que llevara todo el peso de la humanidad a cuestas.* ¡Mamá! ¡¡¡¡Mamá!!!!

ANA.– *Mi hija me llama, con angustia y urgencia, pero sus gritos suenan ahora muy lejos. Yo sólo escucho la voz del huracán. Lavinia ruge a casi trescientos kilómetros por hora, con toda su belleza desaforada. ¿Por qué les ponemos nombres de persona a los huracanes? Tal vez para creer que pueden sentir por nosotros algo parecido a la compasión. Algo parecido a la culpa por toda la desgracia que dejan a su paso. Lavinia... Tendríamos que salir ahí fuera, todos, desnudos, descalzos, para dejarnos lavar por esta lluvia. No huir, no escondernos. Salir ahí para que los ojos de Lavinia nos miren. Y nos juzguen. Dejar que sea ella quien decida si merecemos o no una segunda oportunidad sobre esta tierra.*

LA NIÑA Y LA BALLENA

(Neska eta balea)

Itziar Pascual

La niña y la ballena (Neska eta balea) de Itziar Pascual se estrenó el 12 de diciembre en La Casa Encendida de Madrid, bajo la dirección de Carlos Alonso Callero y los actores: Natalia Braceli, Carolina Lapausa, Antonio Aguilar y José Piris. Escenografía de Leonor Gallego e Iluminaion de Pedro Serrano.

Tras la presentación de la obra tuvo lugar un encuentro con el público en el que intervino el equipo artístico de *La niña y la ballena* y Vidal Martín, presidente de la Sociedad para el Estudio de los Cetáceos en el Archipiélago Canario, (SECAC).

Esta obra está en deuda con las canciones de los marineros vascos y canciones populares compiladas por Tadusak, como *Donostiako hiru damatxo*; con las canciones de Itoiz, Oskorri, Mikel Laboa y Benito Lertxundi.

A todos ellos, mi agradecimiento.

A Irantxu Sánchez de Rojas Pascual, que tanto sabe de ruido y de silencios.

Dramatis personae

ITXASO
Su nombre quiere decir Mar. Niña de doce años. Silenciosa, introvertida. Tiene hipoacusia en ambos oídos. Utiliza audífonos.

BALAENÓPTERA
Rorcual común, de unos quince metros, de sexo femenino y edad adulta. Mamífera. Siempre acompañada, a pesar suyo, por la Rémora, incansable y locuaz.

RÉMORA
Ahorra energía y acompaña.

JOKIN
Periodista. Informador en una televisión local.

Coordenadas

43° 18' 15 N   2° 11' 59 W

(Lugar)

En las aguas del puerto de Getaria (Gipuzkoa), ante el Monte de San Antón (o ratón de Getaria). En la memoria de Balaenóptera. En el corazón del Cantábrico y de la Historia. En el teatro en el que Jokin explica y cuenta.

Tiempo

Navidades de 2016.

(...) Bost txalupa jiran da **erdian balia** **gizonek egin zuten** **bain naiko pelia.** **Ikusi zutenian** **il edo itoa** **legorretikan ba zan** **biba ta txaloa.**	**(Rodeando a la ballena** **cinco chalupas.** **Dura pelea la que libraron** **aquellos hombres.** **Cuando la vieron** **muerta o ahogada** **se oyeron desde tierra** **vivas y aplausos.)**
Amabi metro luze **gerria amar lodi** **Buztan pala lau zabal** **albuetan para bi.** **Ezpañetan bizarrak** **beste ilera bi** **orraziak bezala** **ain zeuzkan ederki.**	**(De largo doce metros** **la cintura, diez de grueso.** **La pala de la cola cuatro de ancho** **a los lados dos palas.** **En los labios, las barbas** **tenía en dos hileras;** **tan bien ordenadas** **como un peine.)**
orputzez zan mila ta **berreun arrua.** **Beste berreun mingain** **ta tripa barruak.** **Gutxi janez etzegon** **batere galdua.** **Tiñako sei pezetan** **izan zan saldua.**	**(Mil doscientas arrobas** **tenía el cuerpo** **Otras doscientas la lengua** **y el contenido de las tripas,** **por falta de comer** **no estaba perdida** **A seis pesetas por barril** **fue vendida.)**

Canción anónima, compuesta ante la última ballena franca (o ballena vasca) capturada en Orio, en el Cantábrico, el 14 de mayo de 1901. Benito Lertxundi la hizo popular con el título de *Balearen bertsoak (Versos de la ballena).*

(...) Recalando por debajo del buque que se hundía, la ballena pasó estremeciéndose a lo largo de la quilla; mas, virando sumergida, apareció súbitamente en la superficie, lejos de la otra banda, pero a pocas varas de la lancha de Acab, manteniéndose inmóvil un rato. El cabo corría con la rapidez del fuego por su ranura, se enredó y Acab se agachó para arreglarlo y lo logró. Una aduja o seno al desenrollarse volando le cogió por el cuello y lo arrancó de la lancha silenciosamente como los sicarios turcos estrangulan a su víctima, y antes de que la tripulación pudiera darse cuenta. Un instante después saltaba de la cuba el pesado anillo final del cabo, derribaba a un remero y, golpeando la superficie, iba a perderse en el fondo del mar.

Herman Melville. *Moby Dick* (2001; 252-253)

1. VOLVER

Bajo las aguas del puerto de Getaria. Agua, amarres, viento. Tal vez el rumor de un motor.

RÉMORA.– ¿Dónde estamos, Balaenóptera? ¿Te has perdido?

BALAENÓPTERA.– Volver.
Regresar.

RÉMORA.–No deberíamos estar aquí. Huele a Humanidad. Y donde huele a Humanidad... Hay peligro.

BALAENÓPTERA.– Volver.
Repetir.
Insistir.

RÉMORA.– ¡Qué manía tenéis las ballenas con eso de repetir! Repetir la ruta os hace... Os hace... No sé cómo explicarlo. Pero sé que la Humanidad lo sabe. Ellos saben que vais a volver. Y cuando la Humanidad sabe algo, se hace aún más peligrosa. Ataca. (*Husmea*) ¡Huele a anchoa muerta! ¡Hay que salir a aguas más profundas!

BALAENÓPTERA.– Volver.
Encontrar.

RÉMORA.–Encontrar? ¿A qué, a quién? Aquí solo vamos a encontrar una cosa: ¡el final! ¿Qué te pasa, Balaenóptera? ¿Has venido a rendirte? ¿Has venido a rendirte? ¿Es eso? Podías habérmelo dicho, ¿no? Yo no quiero rendirme, me queda mucha travesía...

BALAENÓPTERA.– Volver.
Recordar.

RÉMORA.– ¿Recordar? ¿Qué es eso?

BALAENÓPTERA.– Entender.
Sentir.

RÉMORA.– ¡Qué especie tan grande y tan extraña! ¿Por qué le dais tanta importancia a lo que ya no está? Comer, nadar, vivir. Comer, nadar, vivir... Y evitar depredadores con el menor esfuerzo posible. Esa es mi máxima. Por eso soy tu rémora. ¿Hay algo más importante?

BALAENÓPTERA.– ¿Ahorrar?

RÉMORA.– Ahorrar energía es sobrevivir. El océano es inmenso, oscuro, inabarcable para alguien tan pequeño como yo. Por eso soy tu rémora (*Balaenóptera se remueve, oyendo algo repetido y conocido)* Como de tus sobras y viajo a tu lado.

BALAENÓPTERA.– ¡Molestar!

RÉMORA.– ¿Molestar, yo? ¡No! ¡Si no peso! ¡Y acompaño! Ahora debes hacerme caso, Balaenóptera, vámonos de aquí.

BALAENÓPTERA.– Callar.
Esperar.

RÉMORA.– Siempre igual, siempre igual, Balaenóptera. Tú eres grande, yo pequeña, tú mandas, yo obedezco. Pero eso no está bien. ¿No me vas a escuchar?

BALAENÓPTERA.– Calmar.
Descansar.

RÉMORA.– ¿No hueles a anchoa muerta?

BALAENÓPTERA.– ¿Oler? (*Pausa*).

RÉMORA.– Perdona. Siempre se me olvida que casi no tienes olfato.

BALAENÓPTERA.– Oír.
Ver.
Callar.

RÉMORA.– Que tenga la cabeza aplastada por las ventosas no significa que sea tonta. ¡Soy una rémora! Y tú estás tramando algo acercándote tanto a la Humanidad.

BALAENÓPTERA.– *(Resopla)* ¿Comer?

RÉMORA.– ¡Por fin una buena idea! ¡Vamos!

BALAENÓPTERA se desplaza lentamente. Silencio.... Viento y mar.

2. EL ORIGEN

PERIODISTA se dirige al público.

PERIODISTA.– Me llamo Jokin, soy periodista y estoy aquí para contarles una historia sobre la ignorancia. Una historia sobre la ignorancia y el mar. Pero es una cuestión de tiempo. Todo lo que le damos al mar se nos devuelve.

Eso lo sé ahora, claro.

(PERIODISTA prepara una conexión en directo, con la concentración nerviosa que le precede. Entra en directo ante la cámara).

Arratzalde on. Nos encontramos en el puerto de Getaria donde ayer noche fue avistada una ballena. El cetáceo fue localizado en torno a las diez de la noche. Arrantzales de la zona señalaron que el animal podría haber seguido algún barco, dado que en las últimas jornadas está entrando mucho pescado pequeño.

Parece que el rorcual ha decidido regresar a mar abierta en dirección a Zarautz.

Un sonido constante, un pitido agudo, acopla el micrófono del PERIODISTA, que interrumpe la conexión.

PERIODISTA.– No es la primera vez que estos cetáceos aparecen en la costa vasca. En diciembre de 2012 una ballena de 26 toneladas quedó varada en la bahía de La Concha, donde falleció, lo mismo que un cachalote, de 15 metros, varado en la playa de Zarautz, en agosto del año pasado.

El sonido vuelve a acoplar el micrófono del PERIODISTA.

PERIODISTA.– ¿Sí? ¿Me escucháis? Sí. Nada más, por el momento. Bueno, una curiosidad. El escudo de Getaria está formado por una ballena blanca, atravesada por un arpón... (...) Eh... Tiene que ver, porque la ballena formó parte de la historia de Getaria. (...).

Esperemos que esta nueva visita de la ballena a Getaria tenga un final feliz. Eskerrik asko.

Fin de conexión. El periodista se relaja.

PERIODISTA.– *(Al cámara)* ¿Qué ha pasado? ¿Por qué se acopla? Urko, esto cada vez es peor... (...) Oye, ¿qué pasa? (...) Pues es un toque, un toque anecdótico. Mira Urko, déjame en paz y revisa los cables, que vaya chapuza.

PERIODISTA.– *(Al público)* A partir de aquel momento... ¿Podemos llamarlo casualidad? ¿Creen en la casualidad? Las ballenas comenzaron a aparecer en mi vida. En el reverso del brazo de una chica. En la pared de una sala de pediatría de un hospital. En el nombre de una plaza. En la vidriera de un edificio. Y todos los cuentos, todas las historias. Pinocho y la ballena. Jonás y la ballena. El capitán Acab y Moby Dick. Como si las ballenas estuvieran ahí. Esperándome.

Yo no entendía nada. Porque aún no conocía a Itxaso. Itxaso, la niña de ojos avellana que amaba a las ballenas.

La llegada de aquel animal a Getaria hoy no me parece anecdótica.

PERIODISTA sale de escena.

3. EN EL PUERTO

BALAENÓPTERA se desplaza lentamente. Entrando en el puerto de Getaria. Atardecer temprano de invierno. Viento y mar.

BALAENÓPTERA.– Filtrar.
Engullir.
Digerir.

RÉMORA.– ¡Cardúmenes! Cardúmenes! ¡Qué delicia! Adoro esta sensación digestiva... Comer, comer... ¿Y ahora? ¿Seguimos rumbo a las aguas cálidas?

BALAENÓPTERA.– Respirar.
Salir.
Coletear.

RÉMORA.– ¡No! ¡Coletear, no! Me mareas cuando mueves tanto la aleta caudal. ¡Qué necesidad de salir y volver a entrar en el agua! No lo entiendo. Espera, que me agarro un poco más...

BALAENÓPTERA.– Respirar.
Estornudar. *(Sonido de golpes de aletas en el agua).*

RÉMORA.– ¡Que voy!

BALAENÓPTERA sale a la superficie y después se sumerge en el agua luciendo su aleta caudal.

RÉMORA.– ¡Qué mareo! Para qué entrar y salir, ¿eh? ¿Qué utilidad tiene esto?

BALAENÓPTERA.– Observar.
Respirar.
Pensar.

RÉMORA.– Yo no pude ver mucho, la verdad. Todo se llenó de luz. Una luz enorme... Como de mil lunas a la vez. ¿Habías visto esas mil lunas juntas antes? ¡Y huele a Humanidad! Están cerca, muy cerca, estoy segura. ¿Es obligatorio quedarnos aquí?

BALAENÓPTERA.– Observar.
Pensar.
Esperar.

RÉMORA.– No entiendo nada. ¿Esperar? ¿A qué? ¿A que nos maten? ¿A qué tenemos que esperar? Yo he visto otras ballenas, varadas, perdidas, confusas. Cuando una ballena se pierde, ¿qué hace la rémora? ¿Eh?

BALAENÓPTERA.– Escapar.
Buscar.

RÉMORA.– Pues sí. Y yo no quiero escapar. Y menos buscar otra ballena, que no quedáis tantas... ¿Tú has estado aquí antes, Balaenóptera? ¿Antes de que te encontrara sola? ¿Por qué tenemos que esperar? ¿Por qué tenemos que arriesgarnos? ¿Para qué?

BALAENÓPTERA.– Vengar. (*Pausa*).
Perdonar.

RÉMORA.– ¿Para vengar? ¿Para perdonar? ¿El qué?

BALAENÓPTERA.– Perseguir.
Rodear.
Arponear.
Herir.
Desangrar.
Dinamitar.
Pescar.
Trocear.
Matar.
Aniquilar.
Destruir.
Arrasar.
Contaminar.
Ensuciar.
Manchar.
Manchar.
Manchar. (*Silencio*).

RÉMORA.– ¿Será posible perdonar? ¿Podrás perdonar?

BALAENÓPTERA.– Probar.

RÉMORA.– ¿Y por qué ahora? ¿Por qué en este lugar? ¿Son peores aquí que en otro lugar? La Humanidad es asquerosa y depredadora en todos los océanos, en todos los mares...

BALAENÓPTERA.– Comenzar.
Comerciar.

RÉMORA.– Esta Humanidad es la que comenzó la persecución...

BALAENÓPTERA.– Acertar. (*Pausa*).
Cambiar.

RÉMORA.– ¿Quién va a cambiar? ¿Qué va a cambiar? ¿La Humanidad? ¿Esta Humanidad?

BALAENÓPTERA.– Intentar.

RÉMORA.– Te veo muy bondadosa. Las ballenas tenéis el corazón demasiado grande. Me gustaba más la idea de vengar...

BALAENÓPTERA.– Intentar.
Luchar.
Mejorar.

RÉMORA.– ¿Y por qué tendrían que cambiar?

BALAENÓPTERA.– Terminar (*Pausa*).

RÉMORA.– ¿Ellos? ¿Ellos van a ver el final? ¿Ellos o nosotras?

BALAENÓPTERA.– Intentar.
Transformar.

RÉMORA.– ¿Crees que se merecen una oportunidad? Contéstame, ¿crees que se merecen una oportunidad?

BALAENÓPTERA.– Callar.
Descansar.

RÉMORA.– Está bien. Eres testaruda como una tortuga boba. No sé si se lo merecen, no sé cómo lo vas a hacer, no sé por qué te hago caso. ¡Qué se le va a hacer! Sois animales de sangre caliente. Pero la Humanidad va a tener una oportunidad.

BALAENÓPTERA.– Descansar.

RÉMORA.– Descansar. Está bien. Descansar. Des... can... sar...

BALAENÓPTERA.– Recordar.

Silencio, burbujas, mar.

4. RUIDO

En escena, ITXASO. está ajena a todo, observando las aguas del puerto. Periodista al público.

PERIODISTA.– Al día siguiente volví a Getaria. Entré en directo y tuve problemas con el sonido. De nuevo aquel pitido insoportable. Urko revisó toda la unidad móvil; cada cable, cada entrada, todo el equipo. Nada. *(PERIODISTA entra en directo ante la cámara).*

Gabon. La ballena ha vuelto a Getaria. Tras una breve estancia en aguas más profundas, este rorcual común de unos quince metros de longitud ha regresado a puerto. Científicos de la Sociedad para el Estudio y la Conservación de la Fauna Marina, AMBAR Elkartea, se han desplazado a la localidad arrantzale para observar al mamífero marino.

(El sonido vuelve a acoplar el micrófono del PERIODISTA). ¿Me escucháis, compañeros? ¿Me oís? ¡Urko! ¿Han cortado? ¿Han cortado? ¡Pero qué pasa!

ITXASO.– *(Mirando al mar)* Nuestro mundo está lleno de ruido. Las ballenas lo saben.

PERIODISTA.– (...) Neska, no puedes estar aquí. (...) *(A URKO)* ¿Qué? ¿Estamos fuera? ¿Entramos de nuevo o qué? *(PERIODISTA reacciona con enfado).*

ITXASO.– Los rorcuales, los calderones, los delfines mulares, los zifios de Cuvier... También los cachalotes. Todos lo saben.

PERIODISTA.– ¿Zafios?

ITXASO.– Zafios, no. Zifios. Los zifios de Cuvier.

PERIODISTA.– ¿Los zifios de Cuvier saben por qué no funciona mi conexión?

ITXASO.– Los zifios de Cuvier saben por qué el ruido mata. Para un cetáceo la vida es sonido: viajar, comunicase, comer. Su vida es acústica. Y nosotros la llenamos de ruido.

PERIODISTA.– ¿Con los motores de los barcos?

ITXASO.– Eso no es nada. Las maniobras militares, los submarinos, las perforadoras en el subsuelo buscando petróleo... Usan cañones de aire comprimido. Es como una bomba atómica cada 40 segundos dentro de tus tímpanos.

Ellos no lo soportan. Algunos se quedan sordos. Y sordos son vulnerables. Dejan de comer, enferman, mueren. Se golpean con barcos y rocas. Otros huyen, tienen que subir a la superficie para escapar del ruido. Y mueren porque su cuerpo no está preparado para huir tan deprisa.

PERIODISTA.– ¿Y qué les pasa?

ITXASO.– Estallan por dentro.

PERIODISTA.– ¿Pero qué tiene que ver eso con la conexión? ¿Tiene que ver?

ITXASO.– Mira tu móvil. Buena cobertura, ¿verdad?

PERIODISTA.– 4 G. ¿Y qué?

ITXASO.– Sabemos poco de la contaminación electromagnética. Ya está contrastado que las antenas de telefonía móvil afectan a las abejas. ¿Y los radares? ¿Y la conexión vía satélite? ¿Y los sónar? ¿Y la tecnología de alta definición? ¿Y el wifi?

PERIODISTA.– ¿No estás exagerando?

ITXASO.– Bueno... Ballenas vascas quedan apenas 400 en todo el planeta, puede que menos. Este verano aparecieron muertas siete, solo en un mes, en la costa de Canadá. En Nueva Zelanda cuatrocientos calderones aparecieron varados en Farewell Spit. Cuando llegaron los equipos de ayuda ya habían muerto más de cien. ¿Dejaremos de exagerar cuando queden diez? ¿Cuándo queden cinco? ¿Cuándo queden dos?

PERIODISTA.– ¿Cómo sabes tanto de ballenas? Cómo sabes eso? *(Al público)* Yo entonces, no sabía nada. (*Pausa*). Neska, ¿cómo te llamas?

ITXASO.– Itxaso.

PERIODISTA.– Itxaso, ¿tú me ayudarías a saber más de las ballenas? ¿Me ayudarías? *(Silencio).*

ITXASO.– Lee Wikipedia. (*ITXASO se dispone a marcharse).*

PERIODISTA.– ¡Muy amable! ¡Urko! ¿Qué? ¿Ya está todo? Nos volvemos. Ba, goazen!

Un instante. ITXASO se queda observando, en la distancia.

PERIODISTA.– *(Al público)* Llegué a la redacción. Abrí el ordenador, enfadado. Estaba rabioso. ¡Wikipedia! Me puse a leer. Y leí, y leí. Porque yo no sabía. Y me espanté. No sabía que el estrecho de Gibraltar es uno de los lugares marinos más ruidosos del mundo y que la muerte de cetáceos en las costas de Andalucía y Ceuta se ha multiplicado. Y encontré noticias de cetáceos varados en Ayamonte, en las costas de Huelva, y de Cádiz. Y en la playa de Las Olas, en Almería. Y en la playa de Malaspesquera, en Benalmádena. En las costas baleares, son unos 33 varamientos al año. Y en las playas de Santander. Y fuera de España, claro. En el Mar del Norte, junto al Paso de Calais, los cachalotes varados se cuentan por decenas. La ecolocalización de los cetáceos está siendo afectada. Y busqué información en el Centro de Conservación, Información y Estudio sobre Cetáceo. Y escuché a Circe.

5. EL PASADO

Algunas travesías antes, en el pasado. BALAENÓPTERA y RÉMORA juntas, en las aguas del océano Atlántico, acompañan a una cría, un cachalote. BALAENÓPTERA atiende a su cría y se entrega a ella con un cuidado infinito. Son un trío feliz.

RÉMORA.– Hay que ver lo hermosa que está la criatura. ¡Y hay que ver cómo come! Si cada día está más lustrosa. Y cómo se te parece. Y lo buena que es. Toma su leche y nada. Toma su leche y nada. Toma su leche y nada. Toma su leche y nada. Y nada más.

BALAENÓPTERA.– Callar.

RÉMORA.– Y se os ve muy bien, juntas. Me dais calorcito y sueño. Debe ser bonito esto de ser mamífera.

BALAENÓPTERA.– ¿Amamantar?

RÉMORA.– ¿Así se llama?

BALAENÓPTERA.– Amamantar.

RÉMORA.– ¿Y cómo te sientes cuando… cuando? ¿No te duele?

BALAENÓPTERA.– Practicar.

RÉMORA.– Al principio yo te notaba intranquila. Ahora no. Siento como respiráis a la vez, juntas. Y ella toma de ti…

BALAENÓPTERA.– Inhalar.
Expirar.
Flotar.
Acariciar.
Rozar.
Serenar.
Sentir.
Caldear.
Dar.
Unir.
Nutrir.
Calmar.
Cuidar.
Proteger.
Querer.
Amamantar.
Descansar.

RÉMORA.– Y verla crecer contigo, así, cada día, a tu lado... Sí, es muy bonito... Yo he ido dejando huevos por ahí, y les he dejado a sus anchas. Pero esto que haces tú, esto... Me gusta.

De repente, sensación inhóspita. Aguas turbias. Sonido de un motor, de varios.

BALAENÓPTERA.– ¿Sentir?
¿Percibir?
¡Huir!

RÉMORA.– Siento frío. Y el miedo siempre es frío. ¿Qué ocurre? ¿De dónde viene ese estruendo?

BALAENÓPTERA.– ¡Proteger!
¡Escapar!

RÉMORA.– ¿De dónde viene? ¿Qué es ese ruido atroz? ¿Son barcos? Es eso, ¿son barcos? ¡Los tengo dentro de mí!

BALAENÓPTERA.– ¡Perseguir!
¡Dañar!

Estruendo seco y militar. Radar. Bramido. Silencio. Bramido. Silencio.

RÉMORA.– Balaenóptera, ¿estás bien? ¿Puedes oírme? ¿Te han herido? ¿Te han herido? Dime algo. Contéstame. ¿Y la criatura? ¿Y la criatura, está bien? Yo estoy bien, dentro de lo que cabe. Me duele la cabeza, y todo me da vueltas, y ando un poco mareada... Es que todo huele mal, muy mal, como a seco y a podrido. Y todo está turbio. Huele... Huele como a... Como a... *(La RÉMORA se queda espantada de lo que ve. La cría de cachalote yace muerta, junto al cuerpo de BALAENÓPTERA. Un instante)*. Claro, tú no hueles. Tú no hueles casi.

BALAENÓPTERA.– Salvar.
Seguir.

RÉMORA.– ¿Seguir?

BALAENÓPTERA.– Amamantar.
Cuidar.
Proteger.
Salvar.

RÉMORA.– Eso es. Claro. Seguir.

Silencio. Mar.

6. LA DESPEDIDA

Han pasado seis días desde el estruendo oceánico.

BALAENÓPTERA acompaña a su cachalote, con síntomas crecientes de putrefacción. Para RÉMORA el hedor es casi irrespirable.

RÉMORA.– Lo que tengo que decirte, amiga, no es fácil. Yo... Yo sé que esto... No, no es verdad, yo no sé cómo es esto, ni qué se siente... Yo solo he dejado huevos por el océano. Pero tú... Después de tantos desvelos, y de esperas, y ese tiempo en el que te hiciste más lenta, porque pesabas más, porque te latían dos corazones en el cuerpo, dos, uno grande y otro pequeño... Y después de tanto esfuerzo, tanta lucha por dar a luz, por ayudar a nacer, un parto tan difícil, tan duro...

BALAENÓPTERA.– Perder.

RÉMORA.– Sí, es eso, es sentirse perdida, perdida en este océano tan inmenso, tan...

BALAENÓPTERA.– Perder.

Desaparecer.

RÉMORA.– Eso es. Ella, tu criatura, ya no está. Ya no está aquí. Y la debes dejar marchar. No puedes seguir arrastrando su cuerpo, lo que queda de su cuerpo.

BALAENÓPTERA.– Perder.
Doler.
Romper. (*Silencio)*
Seguir.

RÉMORA.– Sí, Balaeóptera. Debemos seguir.

BALAENÓPTERA deja caer el cadáver del cachalote al fondo abisal. Un instante. El silencio es tan grande como el océano.

7. CIRCE

En escena, PERIODISTA. Sentado en la redacción de la cadena de televisión en la que trabaja. Un cuaderno de notas, bolígrafos. Ruido de teléfonos, ordenadores, pasos, conversaciones. Ambiente laboral.

PERIODISTA.– *(Al público)*Las imágenes se repetían dentro de mí. Cuerpos de cetáceos rendidos sobre las arenas de las playas. Agonizaban. Pero la ballena de Getaria... No era igual. ¿Por qué una ballena se acerca tanto a un puerto pesquero? ¿Es peligrosa? ¿Está herida? Los técnicos de AMBAR no habían detectado heridas evidentes. ¿Estaba confusa o enferma? ¿Venía a morir, como tantos otros? ¿Tenía algún propósito o era arrastrada por las mareas, por las circunstancias? ¿Qué pretendía?

Yo necesitaba respuestas. Por eso contacté con CIRCE.

PERIODISTA hace una llamada telefónica.

¿Circe? Eguerdi on! Gracias por atender nuestra llamada. ¿Qué podemos esperar de la ballena de Getaria? No está enferma, y no ha quedado varada, como en los casos de La Concha y Zarautz... (...)De momento ha salido del puerto y ha regresado. ¿Caben otras posibilidades? (...) ¿Una enfermedad digestiva? ¿Qué quiere decir? *(Pausa).* ¿La enfermedad del plástico? ¿Me está diciendo que las ballenas comen plástico? ¿Kilos? ¿Kilos de plástico? ¿Por qué? (...)

Un instante. PERIODISTA deja el auricular del teléfono sobre la mesa y se dirige al público.

¿Ustedes lo sabían? ¿Sabían que el plástico es el séptimo continente de este planeta? El séptimo. ¿Sabían que cada año un millón de animales marinos mueren como consecuencia del plástico? Los estómagos de focas monje, pardelas marinas, albatros, tortugas bobas y ballenas están repletos de plástico.

¿Saben cómo? ¿Saben por qué? Tomen una bolsa de plástico. Láncela al agua, donde se inflará, se sumergirá, y flotará durante décadas. ¡Bingo! Acaban de crear una falsa medusa. Y ahora lancen cientos, miles, decenas de miles de bolsas. Sin parar, bolsas de plástico sin límite. Habrán creado infinitos bancos de falsas medusas, medusas que se dejan devorar despacio... No están muy buenas, pero... Eso solo se sabe después.

Las falsas medusas dan mala digestión. Y muerte. Pero, ya se lo advertí. Todo lo que damos al mar, el mar nos lo devuelve. Ese continente, de gran y pequeño tamaño vuelve a la cadena alimenticia. Comemos bonitos, atunes, caballas o jureles que se han alimentado de plástico. De forma que nosotros también comemos plástico.

Hay otros plásticos más difíciles de percibir, como el laminado de los invernaderos, transparentes. Mallas pesqueras, cuerdas y bolsas, acaban en los estómagos de los animales, que mueren por obstrucción intestinal. Y cuando mueren, la carne se pudre, pero las bolsas siguen en el mar. Y vuelven a matar.

¿La ballena de Getaria estaba llena de plástico? Tenía que averiguarlo.

PERIODISTA cierra su cuaderno, se dispone a salir.

Por cierto. Cuando salgan de aquí ¿saben lo que van a cenar?

PERIODISTA sale.

8. LA HISTORIA

En escena, PERIODISTA, en el puerto de Getaria. ITXASO está de espaldas.

PERIODISTA.– *(Al público)* Y volví a Getaria. Sin unidad móvil, sin micrófono, solo. Allí seguía Itxaso. Observando a la ballena. *(A ITXASO)*. Kaixo! *(ITXASO no reacciona, no le escucha)*. ¡Itxaso! ¡Itxaso! ¡Itxaso! ¿No me oyes?

PERIODISTA roza el hombro de la niña, que se sobresalta. Un tiempo. ITXASO saca sus audífonos. Revisa las pilas. Un ligero sonido metálico. Se los coloca en ambos oídos.

ITXASO.– ¿A qué has vuelto?

PERIODISTA.– *(Hablando excesivamente alto)* ¿Me oyes bien?

ITXASO.– Las personas con hipoacusia también tenemos hipersensibilidad al ruido. *(Sube el tono de voz)* Así que no me grites, que es muy molesto.

PERIODISTA.– *(Al público)* Itxaso podía entender bien a las ballenas. Esos aparatos minúsculos que llevaba en los oídos amplificaban el sonido de las conversaciones, de las clases del colegio, pero también de todos los ruidos.

ITXASO.– *(Aparte)* El patio del colegio resonando dentro de ti. Mil niños gritando parecen un millón. Los coches, los motores, los programas de televisión de náufragos y supervivientes, las canciones tontas de la radio... El ruido te invade. A veces, tan dentro de ti que te rompes. Te mareas. Como cuando discuten tus padres.

PERIODISTA.– (*Al público)* Ese insoportable griterío que hace de este un país ruidoso, invadido por músicas no elegidas, voces no elegidas, decibelios no elegidos...

ITXASO.– *(Aparte)* Aita y Amachu discuten. Discuten. Discuten. Se insultan. Gritan. ¿Os podéis callar? Me tapo los oídos. Me duelen. Aita y Amachu no oyen. Gritan. *(Silencio)* Me gustaría ser de mar. Vivir entre las olas. Y quedarme flotando, sin hacer nada. Sin pensar en nada. Solo flotar.

PERIODISTA.– (*A Itxaso)* Vengo a pedirte ayuda.

ITXASO.– ¿Pues? ¿No te rindes?

PERIODISTA.– No. Y no me mandes más a leer Wikipedia. Ayúdame.

ITXASO.– ¿Y por qué tendría que hacerlo?

PERIODISTA.– Porque sabes que quiero ayudar. *(Pausa)* ¿Tú por qué crees que ha venido la ballena? CIRCE me ha dicho que puede haber tragado plástico...

ITXASO.– No creo.

PERIODISTA.– ¿No?

ITXASO.– Esa no es la razón.

PERIODISTA.– ¿Por qué?

ITXASO.– Estaría más delgada y apática. Triste. Los plásticos no permiten digerir la comida. Las ballenas dejan de comer, pierden peso. Su comportamiento se hace errático. No, no creo.

PERIODISTA.– ¿Y entonces? Si no está enferma, ni confusa, ni hambrienta... ¿Por qué está aquí? (*Silencio*)

ITXASO.– ¿Y si no estuviera viniendo? ¿Y si fuera un regreso? Creemos que las ballenas tienen una memoria esencial. Pueden atravesar océanos y desplazarse en función de la temperatura del agua... A lo largo de su vida repiten rutas, vuelven a lugares que ya visitaron...

PERIODISTA.– No hay datos de una presencia anterior.

ITXASO.– Porque creemos que la memoria es individual y no colectiva.

PERIODISTA.– ¿Quieres decir que la ballena podría estar aquí...?

ITXASO.– Siguiendo la memoria de otra ballena. O de otras ballenas...

PERIODISTA.– ¿Una memoria común? ¿Ancestral? (*Silencio*) (*Al público)* Este es el momento en el que me digo: Jokin, esto no va bien. Esto es un marrón con el editor, con el jefe. ¿Le haces caso a una chavala sorda y friki? Tío, tú estás mal. Pero no puedo pararlo. Porque he escuchado el sonido de una ballena varada, agonizando. El sonido, ¿saben? El sonido. Y pienso en la inteligencia de esos seres, reventados por el plástico. Y pienso en la cocina de mi casa, llena de envases transparentes.

Y me pregunto: ¿Y si la memoria fuera una forma de inteligencia?

Sabemos que las ballenas son seres sociales, que se comunican a gran distancia. Sabemos que su sociedad es matriarcal; la unidad social de las ballenas está formada por una madre y su cría y por ballenas de mayor edad, que las ayudan en la defensa de depredadores. *(Pausa).* Sí, he empezado a leer, y ahora ya sé algo. ¿Y si existiera una memoria de la experiencia? ¿Y si...? (*Pausa).*

Atardecía. El viento del Norte tocaba el ratón de Getaria. (*A Itxaso)* ¿No es muy tarde?

ITXASO.– Me quedo un poco más.

PERIODISTA.– *(Al público)* Me fui. Me acosté tarde; horas ante el ordenador, buscando, leyendo, encontrando. Me desperté de repente. Todo el tiempo había buscado respuestas en la ballena, en lo que hacía o no hacía el rorcual. Pero la respuesta no estaba allí. Estaba en el ruido.

9. EL RUIDO DE LOS HUESOS QUE CRUJEN

En escena, PERIODISTA en el puerto de Getaria. Está nervioso, entusiasmado. Se mueve con una alegría eléctrica.

PERIODISTA.– *(Al público)* Y me fui muy temprano a la redacción. Había que convencer al jefe. Un reportaje sobre el sonido de la ballena de Getaria. Capturar el sonido, grabar el canto de la ballena de Getaria, algo que ninguna televisión había hecho. No era cualquier ballena, era la nuestra.

A mi jefe la idea le pareció... Le pareció una bobada, como todo lo que propongo. Pero le gustó lo de "nuestra ballena". Gure balea. Nuestra es una palabra tan poderosa...

Había que conseguir permisos. La Ertzaintza había vallado el acceso al puerto. Los curiosos se agolpaban, había que proteger al animal... Si conseguía los permisos, con los hidrófonos adecuados... Podríamos captar el sonido... ¿Y si en ese sonido había algo que escuchar? ¿Y si eso que parecía un ruido, un pitido que estropeaba todas mis conexiones, era otra cosa? ¿Y si Itxaso tenía razón? ¿Y si esa interferencia era en realidad un mensaje? ¿Un mensaje de aquellas ballenas que se acercaron, hasta el siglo pasado, a los puertos de Orio y de Getaria?

Y en ese instante, una parte de ti vuelve a decirte: Jokin, no llames al Getariako Udaletxea. No gestiones los permisos. No llames a la Ertzaintza. No pidas hidrófonos, para ponerlos en las aguas del puerto. No avises a Urko. No te subas a la unidad móvil. No confirmes que la conexión entra en el informativo de las dos de la tarde. No sigas, Jokin, no sigas.

(Toma un micrófono) Eguerdi on. Nos encontramos aquí, de nuevo, en el puerto de Getaria, porque queremos ofrecerles en exclusiva, algo que nunca han escuchado. En unos minutos, todos los detalles.

Y sabes que no hay marcha atrás. *(Silencio)*

10. LA MEMORIA, LA VERDAD

BALAENÓPTERA se desplaza lentamente, hasta casi detenerse. Permanece. Mar.

RÉMORA.– ¿Estás segura de lo que vas a hacer, Balaenóptera?

BALAENÓPTERA.– Intentar. *(Silencio).*

RÉMORA.– Pero... ¿Cómo puedes ser tan generosa después de todo? Después de lo que pasó. *(Pausa).* Tú no lo has olvidado, ¿verdad?

BALAENÓPTERA.– Soñar.
Recordar.
Pensar.

RÉMORA.– ¿Y qué se hace con ese dolor?

BALAENÓPTERA.– Sufrir.
Vivir.
Respirar.
Perdonar.

RÉMORA.– Te está subiendo la temperatura, ¿lo notas? Siento mucho calor... Balaenóptera,

BALAENÓPTERA.– Respirar.

Una respiración intensa, profunda, meditada. Una respiración que dura un siglo.

11. LA CONEXIÓN

En escena, PERIODISTA en el puerto de Getaria, micrófono en mano. En segundo plano, le observa ITXASO.

PERIODISTA.– *(Al público)* Debemos seguir. Es así. *(Pausa)* Urko, ¿estamos? ¿Lo tenemos? Tú me avisas.

Eguerdi on. Nos encontramos de nuevo en el puerto de Getaria, donde vamos a escuchar a nuestra ballena. Gure Balea, ezta? Bai. Escucharla es escuchar nuestra propia historia. La historia de los balleneros vascos, que desde Getaria, Orio, Bermeo o Lekeitio las persiguieron, primero por todo el Cantábrico, y después hasta Islandia, Terranova y las costas de Labrador, en Canadá.

Y es que fueron los vascos, a partir del siglo XI, quienes realizaron una captura sistemática de las ballenas. La ballena que apresaban se llamaba ballena franca, o vasca. Se llamaba así, franca, porque era la más fácil de capturar. Era gregaria, e iba acompañada de su cría. Se empleaban chalupas balleneras de ocho tripulantes, embarcaciones pequeñas de roble y brea, para lanzarles arpones primero, y después, sangraderas, con las que se desangraba a las ballenas. Primero mataban a las crías para que las madres no huyeran. Después, a las ballenas adultas.

La captura de ballenas era una forma de vida y de supervivencia. De cada una obtenían cuatro mil litros de grasa, el saín, que usaban para alumbrar las casas. Hoy sabemos que entre 1530 y 1580 los balleneros vascos acabaron con 20.000 ballenas. En las capturas fallecieron en torno a 2500 marineros, enrolados con el propósito de traer las naos, barcos de unos 25 metros de eslora, cargados de saín. La Nao San Juan, descubierta en 1980 por investigadores canadienses, contaba con una carga de 900 barriles de saín. Hacían falta seis ballenas para completar la carga.

Hoy apenas quedan ejemplares de ballenas vascas. La esquilma continuó hasta la segunda mitad del siglo XX, y en ella participaron buques pesqueros de otros países, japoneses especialmente. Y este, este es el sonido de la ballena de Getaria. Gure balea.

Un instante. Un instante. Silencio y mar.

PERIODISTA.– *(Al público)* Y ahora llega ese momento en el que yo esperaba ese mismo pitido, agudo, insoportable. Esa interferencia, ese ruido. Porque lo que das al mar, el mar te lo devuelve. Y si das violencia, y muerte y ruido, el mar te devolverá violencia y muerte y ruido. Y piensas en la ballena de Pinocho, y en la de Jonás y en la del capitán Acab. Y escuchas la agonía de las ballenas varadas por el plástico, por el rumor que no cesa.

Sonidos de un rorcual común comunicándose.

Itxaso, ¿puedes ayudarme? ¿Tú puedes entender...?

BALAENÓPTERA.– ¿Escuchar?

Sonidos de un rorcual común, agitado.

ITXASO.– ¿Qué? ¿Yo? ¿Qué puedo hacer yo?

PERIODISTA.– Tú puedes entenderla. Sabes lo que le ocurre. Los técnicos, los adultos, no entendemos. Pero tú, sí. *(Pausa).* Inténtalo, por favor.

ITXASO, concentrada, cierra los ojos. BALAENÓPTERA e ITXASO hablan a la vez.

BALAENÓPTERA e ITXASO.–

Una y otra vez, y otra vez una,
desde San Antón nos vieron llegar.
Los hombres gritaban con miedo.
Kontuz! Balea nirea da!
Primero los arpones,
luego sangre, luego oscuro,
luego sombra, luego mal.
Itxaso gorria da.
Aquí los huesos,
aquí la muerte,
aquí la herida,
aquí, la mar.
No queremos más sangre.
No queremos sufrir más.

Bakean. Bakean. Bakean
Queremos vivir en paz.

Silencio.

RÉMORA.– Balaenóptera, ¿estás bien? ¿Estás...? ¿Puedes contestarme? Por favor, contéstame. ¡Estás ardiendo! Balaenóptera, por favor...

BALAENÓPTERA.– Despertar.

RÉMORA.– ¿Estás bien?

BALAENÓPTERA.– Marear.
Respirar.

RÉMORA.– ¿Cómo pudiste expresarte así? Nunca te había sentido... Nunca te había oído así.

BALAENÓPTERA.– ¿Sorprender?

RÉMORA.– Mucho. ¿De dónde sacaste...? ¿Cómo pudiste? ¿Estás bien?

BALAENÓPTERA.– Seguir.

Mar, mar y silencio.

12. LA DESPEDIDA

En escena, PERIODISTA.

PERIODISTA.– *(Al público)* Cuando terminó la conexión, Urko tenía órdenes. El jefe quería hablar conmigo: en su despacho. No tuvo miramientos. El vídeo se había hecho viral. Al día siguiente recogí el finiquito y mis cosas. Tenía, para mi sorpresa, llamadas de CIRCE, de Ambar Elkartea, de los colectivos que están protegiendo cetáceos en el Cantábrico. Yo no lo sabía; hoy muchos vascos están comprometidos con la defensa de las ballenas. Organizan rutas de avistamiento, hacen campañas escolares, explican el daño que la contaminación y el ruido están dejando sobre las aguas y las vidas.

Y hacen sesiones informativas. Como ésta.

Ahora sé lo que es el *pidgin,* esa lengua franca que los balleneros vascos desarrollaron en Islandia y en Terranova. Ellos crearon nuevas formas de comunicación que aún hoy existen y nos sorprenden. Un lenguaje para sobrevivir, para entenderse. *(Pausa).* ¿Lo inventaron los vascos o fueron las ballenas? Quién sabe. No, no todo fue destrucción.

Ahora colaboro como jefe de prensa en campañas de sensibilización. Yo le di ignorancia al mar, y él me dio conocimiento. Y, cuando los mareos y la galerna me lo permiten, salgo a la mar a ver ballenas. Pero no en puerto, como en Getaria, no. Libres.

ITXASO.– Me quedan algunos años para terminar la ESO y el Bachiller. Pero sé lo que haré después. Quiero ser activista y contestar a la captura de ballenas. Quiero viajar a Islandia, a Noruega, a Japón: los tres países del mundo en los que aún la captura de ballenas es legal. Porque las ballenas no son de un país, son de todos, son del futuro.

BALAENÓPTERA.– Partir.
Marchar.
Seguir.

RÉMORA.– Comer, nadar, vivir. Comer, nadar, vivir... Yo creía que esto era la vida. Y sí, claro... Pero hay otras cosas que merecen la pena. ¿Verdad?

BALAENÓPTERA.– Sentir.
Amar.
¿Entender?
¿Recordar?
¿Cambiar?

BALAENÓPTERA y RÉMORA salen del puerto de Getaria. Aguas del océano. Silencio. ¿Fin?

HASTA QUE EL INFIERNO SE CONGELE

Xavier Puchades

Hasta que el infierno se congele de Xavier Puchades se estrenó el 13 de diciembre 2017 en La Sala Mirador de Madrid, bajo la dirección de Arturo Bernal y los actores: Lucía Bravo, Elvira Heras, Eva Redondo, Antonio Sansano e Ignacio Yuste.

Notas previas:

Después de "Un sueño", entre cada cuadro puede haber una transición audiovisual donde se muestre diferentes paisajes naturales de una exultante belleza.

Los mismos intérpretes pueden ir adoptando la piel de los diferentes "personajes". Es responsabilidad de dirección adscribir a las distintas voces edad y género.

No es necesario añadir dramatismo a lo que aquí se cuenta. Los personajes podrían estar hablando del tiempo en un ascensor y todo parecería igual de habitual.

(...) son pausas o silencios de duración variable.

/ son interrupciones abruptas del discurso del propio emisor o de aquel que, hasta ese momento, parecía escucharlo.

UN SUEÑO

¿Alguna vez has soñado algo que todavía no deberías haber soñado?

No.

Yo, sí. Estoy sobre el césped del jardín de mi casa /

Tú no tienes jardín, ni casa.

En el sueño, sí. Tomo el sol, sin ropa, y el cielo es de nuevo azul. Incluso las nubes son blancas. Me siento una placa solar, en conexión total con la tierra, generando energía limpia para todo el planeta. Me siento en paz. Pero también una plancha de surf perdida en mitad del océano. Un pedazo de plástico que se descompone en el agua, alimento para peces. Las olas, las olas... / Cierro los ojos y duermo. Entonces, me despierta el olor a parrillada. Comienzo a salivar como un perro abandonado en un coche en pleno verano. Descubro que el olor procede de mi propio cuerpo. Mi carne a la brasa, al sol. Y me muero de hambre. Me mordisqueo el brazo, está sabroso, pero no me sacio. Los mordisqueos se convierten en dentelladas. ¡Mi carne está al punto! Mis vecinos se acercan hasta mi casa, me observan silenciosos tras la valla del jardín. Están tan secos que ni siquiera salivan. Ya no queda agua en esos huesos y pellejos. Son casi polvo. ¿Queréis comer, vecinos? Pregunto, mientras me mastico el gemelo de la pierna derecha. Cuando se acercan, pisando mi césped con las bocas abiertas y sus / Cierro los ojos y me duermo. (...) ¿Qué puede significar?

(...)

Lo conocía.

¿Qué?

Tu sueño.

¿Lo has soñado?

No. Lo colgaste en Facebook el otro día.

¿Sí ...? No lo recuerdo.

¿Sabes cuánta agua es necesaria para fabricar un ordenador?

Ni idea.

Una tonelada y media.

(...)

¿Por qué me cuentas eso?

(...)

Y mi sueño... ¿Qué crees que significa?

¿Qué?

UN TRABAJO

¿Me escuchas?

Sí, sí... ahora, sí.

Te decía que esta noche podríamos ir al cine.

Me encantaría, pero no puedo. Hoy, no sé cuándo acabaré. Estamos retirando cabezas de ganado entre el barro. Son miles. Si no fuera por el hedor que desprenden, parecerían figuras gigantes de chocolate. Cada año la riada es peor, cualquier día, llegará hasta nuestras casas.

Vaya... ¿Y mañana?

Uhm... Mañana me han llamado para analizar los cadáveres de unos antílopes en Kazajistán. Parece que dejan de comer, presentan problemas respiratorios, se deprimen...

¿Se deprimen?

Sí, eso parece. Se deprimen y dejan de comer. O dejan de comer y se deprimen. No está del todo claro aún. Después sufren unas diarreas terribles, expulsan espuma por la boca y mueren. La mayoría son hembras.

Bueno, bien... Pues quedamos ya el miércoles que es el día del espectador.

¿El miércoles...?

(...)

¿Estás ahí?

Sí, espera... Estoy mirando la agenda. (...) Imposible. El miércoles estoy en Alaska. Han aparecido focas y morsas que cambian el pelo por unas llagas supurantes. Algunas están todavía vivas, pero sus cuerpos están repletos de gusanos, como mis dedos de gordos. Si les aprietas la piel, si presionas con los dedos, salen unos /

Vale, vale, vale... ¿Tiene algo que ver con los arenques aquellos a los que les sangraba las aletas la semana pasada?

No, no... Al parecer, estas muertes masivas se producen de forma natural.

De forma natural.

Sí, a veces. Como los pájaros que cayeron como granizo en Arkansas. Mataron a dos personas. Bajas temperaturas, fuegos artificiales, centrales nucleares, mala digestión...

¿Y el jueves?

Tengo que contar los peces muertos que han encallado en /

¿Y el viernes?

Tengo que contabilizar la población de jirafas que /

Creo que trabajas demasiado. Necesitas unas vacaciones. Al menos, una noche en el cine. Conmigo. ¿El sábado?

Tenemos que llevar agua al ganado de Villa Minetti y San Bernardo, pero cada camión de agua cuesta dos mil pesos.

Dos mil pesos.

Al cambio, unos 100 €. Necesitamos mucha agua y no hay dinero. Ya sabes, como siempre acabaré contando cadáveres / la semana que viene.

(...)

¿Hola?

No lo soporto.

Sí, la sequía en algunas zonas del planeta es espantosa.

No, que no soporto que tengas que trabajar tanto y no me dediques un poco de tu tiempo. No soporto tu egoísmo. ¿No hay más gente? No soporto que solo pienses en tu trabajo y no en mí. ¿No se puede repartir todo ese trabajo entre todo el mundo? No soporto más esta soledad. ¿No hay más gente que pueda hacer esa mierda?

No. No hay nadie más. Solo quedo yo.

(...)

Perdona, está comenzando a llover murciélagos. Sus fibras musculares se contraen de forma brusca, involuntaria y persistente. Es solo un primer diagnóstico. Ve tú al cine y, mañana, me cuentas la película. ¿Vale? Sabes que me encanta que me cuentes historias... ¿Qué película vas a ver?

(...)

¿Estás ahí?

(...)

¿Hola?

UNA PELÍCULA

Hola.

Hace poco, fui al cine.

Ah, muy bien.

No había nadie

Ya. Ahora, no va mucha gente al cine.

Es que estaba solo/a.

Bueno, sería una película mala.

Aún no lo sé.

¿No la entendiste? ¿No te gusto?

No, aún no ha acabado.

No entiendo.

¿Lo ves? Comienza sin títulos de crédito, sin título, nada, solo imágenes: una montaña, un secarral de interior. Un viejo trata de arar una tierra árida, muerta. Se agacha, entre el polvo. De repente, un buitre enorme cae sobre él.

¿Como en la película de Hitchcock?

¿Qué? No, no... El viejo cae al suelo y se cubre la cara, los ojos, así, con los brazos. Y el buitre, claro, comienza a picarle en las manos, los dedos. El hombre trata de defenderse, coge del cuello al pájaro, le agarra de las patas. Pero es más grande que él cuando abre las alas y / Consigue espantar al bicho unas cuantas veces con su azada, pero el bicho vuelve y vuelve. El forcejeo dura media hora...

¿Media hora?

Sí, sí... Hasta que a los gritos del viejo acuden unos vecinos, otros viejos. Caminan despacio, están muy cansados y usan las azadas como bastones. Rodean al buitre, uno de ellos le da un golpe en la cabeza y, del impulso, el viejo cae de espaldas. El resto aprovecha para clavarle al buitre las azadas en el cuerpo y el buitre emite unos sonidos extraños y sangre y plumas y / Cuando deja de moverse, un primer plano repasa los rostros de los viejos, medio ahogados, salpicados de sudor y sangre, rebozados en polvo. Los brazos descarnados del viejo... En una mano, le falta un dedo.

(...)

¿Y ya? ¿Era un mediometraje?

No, era una peli larga. Después hay un oscuro y aparece otro viejo, ahora, en una playa. Un lugar exótico. El agua brilla de una forma extraña y la vegetación de la costa no es todo lo verde que debería ser en un lugar así. Como te imaginas el paraíso por los anuncios, pero sin photoshop. El viejo, después se sabe que es pescador, observa el horizonte y, a unos kilómetros, hay un mercante enorme medio hundido y en llamas. A los pies del viejo, arrastrado por las olas, llega una bola de grasa negra que se mueve. Se agacha y descubre que es un pingüino, uno de esos pequeños. El pescador lo coge entre sus brazos y se lo lleva a casa. Lo baña, lo alimenta. Pasan unos días juntos, tres meses. Todo esto en tiempo real. Por fin, lo deja de nuevo en la playa, limpio. Es una escena muy conmovedora, el pingüino parece humano. Y su mirada se te clava aquí. El animal observa al pescador, a la pantalla, parece que vaya a hablar, a decir algo importante, pero no, mientras se mete de nuevo en el mar se detiene, mira, se aleja y nada. Pasa un tiempo, unos meses, y el pescador está en su casa, haciendo sus cosas, cosiendo unas redes, comiendo pescado, entonces, ve cómo se acerca el pingüino hasta su puerta. Se miran a los ojos un rato, parece que el pingüino vaya a decir algo, ahora sí, va a hablar, pero nada. De repente, el pingüino abraza al viejo y lloran.

(...)

¿Era de Disney?

No.

Parece de Disney.

El abrazo dura media hora. (...) Se supone que el pingüino que vuelve es el mismo que /

Sí, lo he pillado.

Y la película se acaba. No salen créditos finales, ni el título, ni nada.

¿Se acaba?

En el cine, sí. Pero yo creo que continua...

(...)

¿Por qué me cuentas todo esto?

Porque estaba solo/a en el cine y no tenía nadie con quien comentar la película. Cuando salí de la sala, tampoco había nadie, ni en el bar, ni en la taquilla. Por la calle, nadie... La ciudad, las carreteras, todo vacío. Hasta que te he encontrado aquí. (...) ¿Me das un abrazo?

UN CUENTO

Un abrazo y a dormir.

¿Y el cuento?

El cuento... Un buen día, el Buen Magnate estaba solo en su palacio, ocupado en sus cosas, cuando recibió la visita del Viejo Presidente. ¡El mundo se nos cae a trozos! ¡A trozos! Gritaba y gritaba. El Buen Magnate, disléxico y sin estudios, pero de familia acomodada y con un devastador olfato para los negocios, se estremeció: Si el mundo desaparece, ya no podrá progresar mi inmensa fortuna y, sin a ella, no será posible el bienestar colectivo mundial. También pensó en los seres humanos, en todas aquellas generaciones de consumidores a los que había proporcionado momentos de felicidad, encapsulados en vinilos: Sex Pistols, Belinda Carlisle, Blur, Brian Eno, Culture Club, David Bowie, Depeche Mode, Gorillaz, Killing Joke, Mano Negra, Mariah Carey, Michael Nyman, Peter Gabriel, Robbie Williams, Simple Minds, Spice Girls, Swans, The Chemical Brothers, The Rolling Stones...

¿Dónde iría toda esa música de la que era dueño, si el planeta desaparecía? Tanto dinero invertido y ganado en aquella discográfica para nada... El Buen Magnate decidió salvar el planeta él solo y desde uno de los aviones de su flamante flota comercial, prometió invertir 3000 millones de dólares para desarrollar biocombustibles alternativos al petróleo y al gas, invertir en tecnologías que sirvieran para combatir el cambio climático, legislar lo que los gobiernos no legislaban, capturar de la atmósfera 1000 millones de toneladas de CO2. Resolver el fin del mundo sin cambiar el mundo. Hordas de ecologistas visitaron su palacio para besarle la mano y lavarle los pies. Pasaron los años y el fin del mundo estaba más y más cerca. En esos años, el Buen Magnate solo pudo invertir 300 millones de dólares y del mundo, únicamente había salvado sus dos islas privadas en el Caribe, equipadas con la última tecnología ecológica. Mientras tanto, su flota de aviones seguía creciendo y creciendo, quizás con la esperanza de que sus aviones se bebieran todo el CO2 que ellos mismos exhalaban. Entonces, el Viejo Presidente volvió a visitarlo, toc-toc, pase, pase... Oye, ¿tú no ibas a salvar el planeta hace diez años? ¡Todos confiamos en ti, hombre! Entonces, el Buen Magnate anunció su nueva escudería de Fórmula Uno y que estaba invirtiendo su dinero en nuevos vuelos comerciales... ¡Vuelos a Marte! Dios le había hablado en el jacuzzi, escogería una pareja de cada ser vivo, de las especies que quedaran aún, si quedaba alguna. Además, el Buen Magnate ya era viejo y no podría seguir mucho tiempo con sus negocios, por lo que dedicaría sus últimos años de vida a viajar hasta Marte y ver nacer allí un nuevo mundo, más bello y más justo. Nuestro mundo no tenía solución, la competencia en los negocios era demasiado dura. ¿Por qué hablas en pasado? Le dijo el Viejo Presidente. Pero el Buen Magnate ya estaba subiendo a su nave espacial y no lo escuchó. Veré la destrucción de vuestro planeta desde mi lecho de muerte en Marte, dijo. Y el Viejo Presidente asintió resignado y le preguntó: ¿Queda espacio para mí en esa nave? Y el Viejo Magnate contestó: No. Y la nave encendió los motores...

(...)

¿Se ha dormido?

No lo sé.

Tiene los ojos muy abiertos. ¿Qué cuento le has contado?

He improvisado algo, son las cinco de la madrugada.

¿Por qué tiene los ojos tan abiertos?

No lo sé.

¿Le has dado la pastilla?

No lo sé. No lo sé. No lo sé. No lo sé. No lo sé. No lo sé. No lo sé. No lo sé. No lo sé. No lo sé.

UNA PIEZA DE TEATRO

¿No quieres café?

...

¿No vas a comer nada?

...

Ayer... ¿No echaste en falta una visión más optimista, más esperanzada? No sé... Al menos, un final que abriera una ventana por la que sacar la nariz y respirar profundamente un aire puro y fresco. Un aire de esperanza.

...

¿Me escuchas? ¿Pasa algo fuera?

¿Has visto cómo está la calle de guarra? Cuando he bajado a por los croissants el hedor a orín humano era insoportable.

Ya, la gente... Pero de la obra que vimos ayer... ¿Qué piensas?

Pienso que si no somos capaces de mantener limpia una calle, aspirar a tener limpio todo un planeta...

¿Lo ves? Pesimismo. ¡Pesimismo! Esa obra genera pesimismo... Deberían prohibirla. Que no vaya nadie a verla.

Solo fuimos tú y yo.

¿Por qué se hablaba tanto de viejos?

También se hablaba de un niño y de un pingüino.

¿Un niño al que los padres drogan? Porque lo drogaban, ¿no?

A los niños les meten de todo ahora, al menos nosotros nos esperamos a tener 15 o 16 años y elegíamos lo que nos metíamos.

¿Y los viejos? ¿Por qué esa insistencia en hablar de viejos?

¿Viste la abuela de la manifestación? La que iba a las concentraciones en contra de la ampliación de aquellas carreteras. Colgué el vídeo ayer en el Facebook.

¿A qué viene eso? Estamos hablando de la obra.

Se despertaba a las seis de la mañana y a las siete ya estaba sentada a unos metros de los antidisturbios. Dijo algo así como que.... Aunque este problema ya no me toque a mí, no quiere decir que tenga que dejar solas a estas personas.

¿Lo ves? ¡¿Lo ves?! Una ventana abierta para respirar algo de esperanza.

Una esperanza que morirá pronto, tiene 81 años. Como el viejo que luchaba contra el buitre, como el que salvó al pingüino. ¿Tú que habrías hecho?

¿Qué habría hecho yo? No estamos hablando de eso. (...) Oye, aquí huele fatal... ¿Has bajado la basura?

No. (...) Te tocaba a ti. (...) Hace tres noches.

LAS VELAS

Eva Redondo

Las Velas de Eva Redondo se estrenó el 13 de diciembre 2017 en La Sala Mirador de Madrid, bajo la dirección de Arturo Bernal y los actores: Lucía Bravo, Elvira Heras, Eva Redondo, Antonio Sansano e Ignacio Yuste.

STEPHEN HILLENBURG.– El océano empezó a interesarme muy temprano por El mundo submarino de Cousteau. Estamos hablando de los años sesenta. Creo que nadie había visto algo así hasta que él empezó a rodar esa serie. Me fascinaban los animales marinos, los corales, esa extraña ingravidez que parece gobernar allí... Para mí fue como viajar a la luna... Pensaba en el fondo del mar y se me venía la imagen de un desierto líquido. No es exactamente como la luna pero también es un lugar mágico, misterioso... Al terminar la Universidad trabajé en el Instituto del Océano de California donde les enseñaba a los niños biología marina. Recuerdo aquella época con cariño. A los críos les encantaba navegar en ese barco con el suelo de cristal, seguían el movimiento de los peces con sus dedos, les poníamos nombre a los más grandes, se reían mucho cuando dejaba que cangrejito Tito me pellizcara con su pinza la nariz. Pero a pesar de toda esa felicidad, de ese estado de plenitud, algo me decía que ese no era mi lugar. Un sentimiento muy profundo, muy alejado de la razón, de la lógica. Un día, Harry Helling, el director del proyecto, me pidió que hiciera un cómic sobre la ecología de las mareas, así que se me ocurrió hacer un tebeo titulado The Intertidal Zone. Los protagonistas eran todas esas criaturas invertebradas que llegan con las mareas al sur de California, como la estrella marina, los percebes, los calamares, las esponjas... Ese fue el comienzo. Ahí empezó toda esta historia.

CORO DE PADRES Y MADRES.–

¡Te juro que era él!

No es posible.

Dijeron su nombre varias veces.

¿Cómo va a ser?

En varios idiomas. En varios canales.

Pero, ¿estás completamente segura?

¡Está muerto!

¿Dónde está Paula?

¿Qué le vamos a decir?

Será mejor que vayamos a buscarla.

Hay mucho revuelo. La gente está haciendo corrillos.

Envío este correo y nos vamos.

He llamado a la guardería y comunicaba todo el rato.

¡Dios!

¿Qué pasa?

Nada.

¡Oigan!

¡Déjame ver!

No era nada.

¿Por qué lo apagas? ¿Qué has visto?

Recojo y nos vamos.

¡Oigan! ¡Oigan!

¿Qué haces?

Una niña se ha lanzado al metro. Se ha enterado y se ha tirado a las vías.

Venga, vámonos.

Juan...

Me deben algunas horas, mi mujer ha venido y... Me deben algunas horas.

Acabo de leerlo y estoy en shock.

Lo encontró un hombre que hacía footing por la playa.

Dicen que le van a practicar una autopsia.

Mi hija tiene una mochila con su cara.

Un bañador, la nuestra.

Una taza, las sábanas de su cuarto...

El coletero verde, las cortinas del baño pequeño, rotuladores...

La funda de sus gafas...

¿Has visto las imágenes?

¿Qué le vais a decir a...?

Paula. Nuestra hija se llama Paula.

¿Y la tuya?

¿Por qué no dejan de emitir esas imágenes?

LA FORENSE.– Lo desconozco, aunque sería más preciso decir que no hay un único motivo, una única causa. Hablaremos de un padecimiento fundamental y, quizá, de varias patologías secundarias pero, por el momento, y en espera de los resultados del laboratorio, no me atrevería a aventurar una sola causa.

STEPHEN HILLENBURG.– Me despierta esta mañana mi hermana y no sé qué me quiere decir. -Helen, Helen, tranquilízate-, pero está llorando mucho y me temo lo peor. -¿Le ha pasado algo a Karen?-... -Helen-. Y me dice: no. No es Karen, se trata de Bob. -¿Qué Bob?-, le pregunto. -Tu Bob-. -¿Mi Bob?-

SUENA LA CANCIÓN DE LA SERIE

Vive en una piña debajo del mar.
Bob Esponja.
Su cuerpo absorbe y sin estallar.
Bob Esponja.
El mejor amigo que podrías desear.
Bob Esponja.
Y como a un pez le es fácil flotar.

Bob Esponja.
Bob Esponja.
Bob Esponja.
Él es Bob Esponja.

LA FORENSE.– No es un caso sencillo, como ya imaginarán. Yo lo supe nada más bajar la cremallera. Y estoy acostumbrada a ver muchas cosas en la morgue, muchas, y algunas, aunque pase el tiempo... Caras sin rostro por herida de bala, miembros amputados, cuerpos... Carbonizados, mutilados, torturados... Veo de todo por aquí. Pero una esponja... Para empezar, me vi obligada a descartar el bisturí que uso habitualmente porque no hacía un corte limpio en ese tejido. Antes de continuar, debo puntualizar que no me encontraba frente a un cadáver de color amarillo, como cabría esperar. No. La esponja había adquirido un color mohoso, como las telas de araña que se forman en el cemento. Tampoco puedo decir que tuviera una forma cuadrada. Se trataba de un volumen amorfo, informe, yo diría... Tumor, una masa tumoral de unos veintitrés kilos. Por la temperatura de su frente, deduje que llevaba unas doce horas muerto, sin embargo, sus porocitos se ensanchaban y contraían, como si todavía respirara. Puse mi boca cerca de donde creía que él podía tener su oreja. Perdonen. Es que estoy un poco... Si me lo permiten, voy a beber agua... Bien. Decía que puse mi boca cerca de donde pensé que tenía su oído. Bob. Bob. Bob. Hasta seis veces grité su nombre para comprobar si había algún tipo de reacción, algún acto reflejo. Suena raro pero así es como lo hago yo, así desperté una vez a un vagabundo al que habían dado por muerto. Lamentablemente, en este caso no hubo respuesta a mi estímulo, nada que hiciera sospechar que la esponja podía seguir con vida. Los ojos y los dientes de color petróleo, la lengua aceitosa, la garganta seca, sin paredes de mucosa, manos y pies entumecidos, fosas nasales obstruidas, cuerpo rígido, aunque, repito, palpitante... Por dónde empezar... Bajé a por un café. Nunca lo hago. Bajé. Cuando subí la sala parecía un estercolero. Voy a beber agua de nuevo. No me quito ese olor de mi garganta. Ese olor a... Voy a... Me he quedado sin agua, ¿alguien puede traerme otra botella?

MADRE.– Vive en una piña debajo del mar.

HIJO.– Bob Esponja.

MADRE.– Su cuerpo absorbe y sin estallar.

HIJO.– Bob Esponja.

MADRE.– El mejor amigo que podrías desear.

HIJO.– Bob Esponja.

MADRE.– Y como a un pez le es fácil flotar.

HIJO.– Bob Esponja.

MADRE.– Él es Bob Esponja.

HIJO.– Mamá, ¿qué es una piña?

LA FORENSE.– Estalló. Por eso crujía su cuerpo. Por eso palpitaban sus porocitos. Si tuviera que decantarme por una causa, diría que fue por intoxicación, una intoxicación aguda provocada por la ingesta continua de cuerpos extraños. Todos hemos visto imágenes de peces con trocitos de plástico dentro. No estamos hablando de esas imágenes. Para que puedan hacerse una idea: cuando volví del café, el suelo de la sala parecía un cuadro puntillista. O si lo prefieren, un estercolero multicolor. Cada puntito, cada pequeña partícula de plástico... Los chicos del laboratorio necesitaron veinte bolsas de tamaño comunitario, veinte bolsas llenas de pequeñas, diminutas, piezas de plástico. Las bolsas ocupaban la mitad de la sala. Y todo ese plástico dentro de ese cuerpecito de esponja. Si estuviéramos hablando de un ser humano, el plástico habría provocado cortes sobre las paredes del estómago, el hígado se habría vuelto de color verde, encontraríamos restos de plástico en los pulmones, en los intestinos, piezas de plástico en la garganta, en la tráquea, micropartículas de PVC en sangre, en la orina... Una auténtica escabechina. Un... *(Va a beber agua. Por la botella).* Plástico. La esponja explotó después de una larga y dolorosa agonía.

STEPHEN HILLENBURG.– Las esponjas son seres muy primitivos que habitan en el fondo del mar. Son animales muy tranquilos. Se alimentan de la materia orgánica que entra por sus poros inhalantes. No se mueven. Absorben. Parecen pacíficos. Yo imaginé un personaje así. Un ser amable, amigable. Alguien a quien te gustaría llamar y decirle. -Ey, Bob, ¿por qué no quedamos y bajamos al parque?-. Yo sólo lo dibujé y le escribí algunas frases. Luego él fue decidiendo por sí mismo. Se volvió algo gamberro, impertinente a veces, curioso, libre... Sí. Como la cometa que se rebela contra el hilo y contra el viento. Ay, mi Bob. Ojalá no hubiera sido el Pacífico, debí crearte un océano imaginario, cristalino, inaccesible para el ser humano. No sabes cuánto lo lamento, amigo mío.

LA MADRE.– No te preocupes, cariño, no es Bob Esponja, es un muñeco de Bob Esponja. Es de plástico. Está hueco. Mira, ¿ves como suena? Los muñecos no tienen alma. Nosotros sí. Alma, espíritu, sentimientos... Al muñeco no le ha dolido. Eso es lo que te quiero decir. A los seres de plástico no les puede doler lo que les hacemos. Mira. ¡Ahá! A ti sí te duele. Él, sin embargo, no siente el pellizco, no tiene vida. Es normal que te disgustes porque se le haya salido la pierna. Te disgustas y lloras porque te imaginas que eso debe de doler mucho. Lloras por él. Porque te acuerdas del día que casi te pilla la moto, te acuerdas de cómo te dolió cuando la rueda te golpeó la pierna, te acuerdas de eso y te pones triste. Pero al muñeco no le pasa lo mismo. Los muñecos no lloran, no ríen, no piensan. Somos nosotros los que hacemos todo eso. Lo hacemos por ellos, por los muñecos y por todo lo demás. Así somos los seres humanos. Pensamos mucho. Muchísimo. Pensamos hasta que nos duele la cabeza. Y por eso hay ordenadores y trenes de alta velocidad. Porque pensamos mucho. Yo a veces me digo que para qué pensar tanto si el sol sigue saliendo por el mismo sitio. Si mientras estoy piensa que te piensa se me pasa la hora de la merienda y, cuando me doy cuenta de que ya es tarde, me pongo a pensar en qué estaría yo pensando y se me pasa también la cena. Pero estábamos hablando de tu muñeco. Es de plástico. Y el plástico no tiene olor ni sabe a nada. El plástico... ¿Lloras? Bueno, está bien que lo hagas, está bien que te dé pena del muñequito, que te compadezcas. Hay que hacerlo. Compadecerse. Yo me compadezco hasta de mí misma. Me doy mucha pena yo. Me da mucha pena todo. Sí. Pobre muñequito. Estoy pensando... Hagamos una cosa. Tiremos el muñeco a la basura y vayamos a comprar otro. Tampoco eso le importa a él porque no sabe qué es tirar ni qué es basura, no sabe lo que es quedarse huérfano porque no sabe lo que es una madre. Es solo un muñeco. ¡No! ¡No! Pero, ¿por qué has hecho eso? Eso... Está bien, no te preocupes. A esta hora dudo que pase gente por la calle. A esta hora con el calor que hace... Pero las cosas no se tiran por la ventana, las cosas se tiran a la basura, al cubo... Aquí, mira.

LA FORENSE.– Cartucho de impresora, linterna pequeña...

LA MADRE.– La basura.

LA FORENSE.– Resina fenólica en fragmento por identificar, tapón, asiento de metro, mango de fregona, pata de silla de dirección, patito de goma...

LA MADRE.– ¿Qué has dicho? Bueno, vaya pregunta. No. La gente no se tira a la basura. La basura es para los desechos, los desperdicios, lo que ya no vale...

LA FORENSE.– ...Mango de cepillo, interruptor, pinza, sonajero...

LA MADRE.– Lo que no queremos, lo que se ha roto...

LA FORENSE.– Polietileno en fragmento por identificar, guante, bolsa, sillín de bici, auricular, teflón en fragmento no identificado, bayeta, bolígrafo, coletero, cortina de baño, rotulador, funda de gafas...

LA MADRE.– *(En simultaneidad con LA FORENSE)* Lo que ya no es útil, lo que ha dejado de gustarnos, lo que se ha puesto malo, las cosas que estorban, las que te traen malos recuerdos, o buenos, pero que ocupan mucho espacio...

LA FORENSE.– Bolsa negra, polipropileno en fragmento por identificar, envase de botella, pinza del pelo, tablet, zapatilla, ratón, balón de baloncesto, recogedor, teléfono inalámbrico, juguete, recipiente de cocina, botón, cloruro de polivinilo en fragmento por identificar, tarjeta de crédito, preservativo, vaso, pvc en fragmento por identificar, tereftalato de polietileno en fragmento por identificar, bolsa transparente, recipiente de cocina, teléfono inalámbrico, recogedor, poliéster insaturado en fragmento por identificar, envoltorio de comestible, carátula, cepillo de dientes, estuche... No quiero cansarles. Es sólo una muestra. Sólo un 10% de las micropartículas de plástico encontradas en el interior del cuerpo de Bob Esponja.

STEPHEN HILLENBURG.–

Vivía en una piña debajo del mar.
Su cuerpo absorbía y murió al estallar.
El mejor amigo que podrías desear.
Y como a un pez, al cadáver le es fácil flotar.

NIÑA.– Papá, ¿qué es un pez?

ESTRELLA PATRICIO.– Y nosotros qué íbamos a saber. Nosotros no tenemos edad. Nosotros somos como los niños que nos ven. Cuando Bob y yo estamos juntos... Estábamos... Con Bob no te aburrías nunca. O si lo hacías... Con él, el aburrimiento era otra cosa. En la tele se ven los momentos divertidos, se ven los líos, las bromas, lo extraordinario, pero Bob y yo pasábamos muchas horas caminando sobre el fondo marino, pasábamos mucho tiempo en silencio, mirando los movimientos de los corales, escuchando el eco de las ballenas, observando el brillo de las medusas... -Tú serás el prota pero la estrella soy yo-. Le hacía mucha gracia que le dijera eso. -¿Estrella? No pareces una estrella de mar. Me recuerdas a un emoticono del WhatsApp. Uno que empieza por "m" y termina con mierda-. Maldito Bob. Te has ido al carajo sin despedirte, me debías cien moluscos. *(Imitando a Bob Esponja)* Gary, cómete tu postre y procura que te guste. Feliz día de los tontos... ¡Para mí! Bob, ¿dónde estás? La piña está sucia y no dejo que nadie la limpie porque si la limpian, si Don Cangrejo, la señora Puff... ¿Cuándo vas a volver, Bob? Lo siento. Perdonen. Ya está. Sí. Me habían preguntado por esa cosa horrible. No. Nosotros no sabíamos de su existencia. Nosotros pensábamos que el Océano Pacífico era un lugar tranquilo, seguro. Vivíamos sin sobresaltos, comíamos cangreburguers... En fin, lo que suele hacer cualquier comunidad marina. Nadie vio llegar esa cosa, nadie del Fondo de Bikini la intuyó y, sin embargo, ha matado a Bob y quién sabe si yo... Si Calamardo, Gary, Arenita...

STEPHEN HILLENBURG.– El mar se está tiñendo de color gasolina. El mar está enfermo y el cáncer avanza porque al mar le ha salido una chepa por dentro.

HOMBRE.– Dicen que mide más que la superficie de EEUU.

MUJER.– ¿El qué?

HOMBRE.– El séptimo continente.

MUJER.– ¿Qué continente?

HOMBRE.– El séptimo.

MUJER.– ¿EEUU?

HOMBRE.– No. La isla esa. La isla de plástico.

MUJER.– ¿Una isla o un continente?

HOMBRE.– Las dos cosas. Es una isla flotante. De plástico. El séptimo continente.

MUJER.– Puede ser una opción. ¿Qué clima tiene?

HOMBRE.– Supongo que tropical.

MUJER.– Eso me gusta. ¿Delincuencia?

HOMBRE.– No creo. No vive nadie.

MUJER.– Mejor. ¿Huracanes, tifones, terremotos...?

HOMBRE.– Quizá, pero no creo que tengan grandes consecuencias, como no hay edificios...

MUJER.– ¿Se puede llegar en avión?

HOMBRE.– Se hundiría.

MUJER.– ¿En barco?

HOMBRE.– Me imagino que sí.

MUJER.– ¿Hay foto?

HOMBRE.– Sí.

MUJER.– ¡Qué interesante! ¿Se te ocurre algo?

HOMBRE.– Está difícil.

MUJER.– Algo se podrá hacer.

HOMBRE.– Sí, claro, siempre se puede hacer algo, pero así de primeras...

MUJER.– Bueno, cómprala y ya veremos.

HOMBRE.– Es la isla que arrasó con Fondo de Bikini, lo que mató a Bob Esponja.

MUJER.– Entonces será un monumento a su memoria, un mausoleo flotante, compra también el cadáver de la esponja. El séptimo continente... Esto nos va a salir más rentable que los restos del Titanic.

STEPHEN HILLENBURG.– El océano empezó a interesarme muy temprano. Nada parece hundirse en aquel lugar. Hundirse. Desmoronarse. Allí el tiempo está como suspendido, las cosas se mueven al compás de las mareas, flotan... Pero el mundo no. El mundo se hunde, se apaga, el mundo está llegando a su fin: la capa de hielo se derrite, el nivel del mar sube, el sol aprieta... Todo hombre huele a cadáver. Grietas. Cenizas. Lava. Fuego. Una isla de plástico a la deriva. Mujeres pariendo robots...

Mi enfermedad me parece una broma comparada con todo esto. Me pregunto si todas estas enfermedades que padecemos, todas, si no serán meros síntomas de la gran enfermedad. Una que se propaga sin tregua. Yo lo veo así. Mi ELA va a hacer que mi cuerpo envejezca en tiempo récord. La Tierra también. La Tierra también envejece a un ritmo de vértigo. Y es raro porque me tranquiliza y me inquieta al mismo tiempo. Pensar de esta forma, digo. Que mi ELA es sólo un síntoma de la gran infección. Que nosotros hemos mutado en algún momento, que lo hemos hecho y nos hemos vuelto cancerígenos para el mundo.

HOMBRE ASUSTADO.– Recemos, Olivia, recemos juntos. Es lo único que podemos hacer. Repite, repite conmigo, por favor, repite y recemos: Soy un glotón, nada me sacia.

MUJER QUE REZA.– Soy un glotón, nada me sacia.

HOMBRE ASUSTADO.– Soy un glotón, nada me sacia.

MUJER QUE REZA.– Soy un glotón, nada me sacia.

HOMBRE ASUSTADO.– Rebañemos el plato con los dedos. Dame pan, Señor, para untar las migas.

MUJER QUE REZA.– Soy un glotón, nada me sacia.

HOMBRE ASUSTADO.– Soy un glotón, nada me sacia.

MUJER QUE REZA.– Soy un glotón, nada me sacia.

HOMBRE ASUSTADO.– Soy un glotón, nada me sacia. Dientes de acero para triturar una pantalla de plasma. Ácido cáustico para digerir mi smartphone. Soy un glotón, nada me sacia.

MUJER QUE REZA.– Soy un glotón, nada me sacia.

HOMBRE ASUSTADO.– Cuarto y mitad de cruceros mediterráneos. Soy un glotón, nada me sacia.

MUJER QUE REZA.– Soy un glotón, nada me sacia.

HOMBRE ASUSTADO.– Leche de teta sin lactosa. Soy un glotón, nada me sacia.

MUJER QUE REZA.– Soy un glotón, nada me sacia.

HOMBRE ASUSTADO.– Sigamos, Olivia, sigamos rezando, por favor, sigamos.

MUJER QUE REZA.– Soy un glotón, nada me sacia.

HOMBRE ASUSTADO.– Perder neuronas en el happy hour. Comerme África. Vomitar cupones. Soy un glotón, nada me sacia.

MUJER QUE REZA.– Soy un glotón, nada me sacia.

HOMBRE ASUSTADO.– El santo cáliz por vía ultravenosa. Un abrigo de oso panda. Soy un glotón, nada me sacia.

MUJER QUE REZA.– Soy un glotón, nada me sacia.

HOMBRE ASUSTADO.– Beberme el Nilo. Disecar a un indígena. Hacerme un selfie con Tutankamón. Soy un glotón, nada me sacia.

MUJER QUE REZA.– Soy un glotón, nada me sacia.

HOMBRE ASUSTADO.– Quiero, oh, Señor, tu cuerpo, tu cuerpo, el cordero de Dios que quita el pecado del mundo, lo quiero sin gluten, sin hueso, al vacío, tu carne, tu cuerpo, todito lo quiero. Soy un glotón, nada me sacia.

MUJER QUE REZA.– Soy un glotón, nada me sacia.

HOMBRE ASUSTADO.– Olivia, por favor, Olivia, dame la mano, apriétala, te quiero, recemos, besémonos, folla conmigo, vamos a bailar, hagamos algo, algo que nos guste, echemos agua en un jarrón, cántame una canción alegre, bebamos, hazme reír, oríname encima, Olivia, pégame, dame un abrazo, por favor, chúpamela, cógeme en brazos, vayamos al trampolín, móntame a caballo, nademos, dime algo bonito, limpiemos los cristales, hagamos una pizza, ¿dónde está la noria? Vayamos a la nieve, acariciemos a un gato, haz que me corra de gusto, pon la tele, toca la guitarra, dame un masaje, salta conmigo, muérete, llévame al circo, encendamos la chimenea, reguemos las plantas, Olivia, Olivia, un omeprazol, un omeprazol quiero, ¿te gusta por detrás? Olivia, por favor, no te vayas, ven, Olivia. Soy un glotón, nada me sacia.

Vive en una piña debajo del mar.
Bob Esponja.
Su cuerpo absorbe y sin estallar.
Bob Esponja.
El mejor amigo que podrías desear.
Bob Esponja.
Y como a un pez le es fácil flotar.
Bob Esponja.
Bob Esponja.
Bob Esponja.
Él es Bob Esponja.

NIÑA.– Mamá, ¿qué es el mar?

STEPHEN HILLENBURG.– Ha venido gente de todo el mundo, de todas las edades. Aquí encontraron su cuerpo. En esta orilla. Aquí la gente enciende velas en su memoria. Algunas se apagan pronto, el ambiente es húmedo y sopla el viento de cara. No sabría decir un número. Hay muchas: velitas, cirios, también las hay eléctricas. Algunas han quedado ocultas bajo la arena, como las cartas, los dibujos, los juguetes... Alguien ha esculpido su silueta con la tierra húmeda. Un grupo de niñas canta su canción. Ya es de noche. Pienso en él pero lo imagino con un gesto serio que es más mío que suyo. Hace frío. El mar se llevará las velas cuando suba la marea. No es material biodegradable, que yo sepa. Una niña se me acerca. -¿Eres tú el papá de Bob Esponja?-. Algo así, le respondo. -Entonces debes de estar muy triste-. Suspiro y me da un lacasito. No es que me disguste estar allí entre la gente, no es que busque intimidad, al menos de forma consciente, lo que pasa es que el sitio huele un poco a lágrima, así que me alejo. Me alejo y me pongo a caminar por la orilla descalzo. Está oscuro. Noto que piso cosas que no son arena. Pienso en el mar como una garganta que vomita. Pienso en madres dando a luz bolsas. Un ojo cuyo párpado está a punto de cerrarse. Meto los pies en el agua. No me parece que esté fría. No me parece nada, los siento como anestesiados. Avanzo un poco más, hasta las rodillas, el pantalón se ensancha, la cintura, ahora sí noto un poco de frío. El pecho, mi camisa, el cuello... Meto la cabeza dentro. Algo me roza la cara. Abro los ojos, no hay luna, no veo. Extiendo mis brazos, estiro mis dedos, aquí no hay ruidos de excavadora, me gusta el balanceo. Mi madre. *Duerme, mi niño Luna, duerme, mi niño amor, pronto hallarán la cura para tanto dolor*[1]. Floto. Mi espalda queda al aire. Mi camisa debe de parecer un paracaídas que se mece, el pelo de la nuca se me ha quedado para arriba. Y como a un pez, me es fácil flotar... Yo sigo con los ojos abiertos aunque no veo nada. Yo sigo con este ir y venir de las olas. En la orilla, todavía quedan velas encendidas, pienso. Velas que iluminan caras, cartas, juguetes... A lo lejos suenan las pinzas de un cangrejo, la respiración de la estrella. Floto. Me dejo mecer por el agua. Como un pez. El mejor amigo. Absorbe... Todo se volverá de color basura pero puede que el viento no apague las velas, puede que mañana el sol, los lacasitos, las niñas, las velas, las velas, las velas...

[1] Nana.

SILENCIOS QUE MATAN

Enrique Torres Infantes

Silencios que matan de Enrique Torres se estrenó el día 14 de noviembre en La Casa Encendida de Madrid, bajo la dirección de Hitos Hurtado y los actores: Lucía Bravo, Puchi Lagarde y Ramiro Melgar.

ESCENA 1

Se escucha un mensaje acústico: ¡TOMATES!

Actor, Actriz 1 y Actriz 2, salen a escena portando ceremoniosamente un tomate cada uno. Los muestran al público y los colocan en un soporte.

ACTOR.– ¿Se hacen una idea de todo lo que ha tenido que pasar para que este tomate sea lo que es? Una bomba de felicidad, lo cortas por la mitad, le pones sal y te lo comes... ¿tiene sentido traer a un escenario la voz silenciada de un tomate? Lo invisible, a veces, como lo que no se dice, te puede matar.

ACTRIZ 1.– Las semillas que han creado este tomate pasaron de mano en mano durante años, se transformaron con cada cosecha llevándose lo que la memoria de la tierra les entregaba... un acto de supervivencia que se ha convertido en un acto de resistencia... intercambio de semillas para liberarse del poder absoluto de las multinacionales.

ACTRIZ 2.– Una red de huertos crece, se organiza... millones de pequeños agricultores y una misión suicida, proteger semillas autóctonas, intercambiarlas, preservarlas... frente al monstruo de las patentes, organizarse y crear una red de intercambios... bancos de semillas y el compromiso de volver a poner en circulación lo que se recibe...

ACTOR.– Un acto de resistencia contra grandes corporaciones que deciden qué semillas, qué pesticidas y qué productos químicos utilizar. Que presionan a los gobiernos para crear leyes a su medida, controlar el mercado y aplastar los derechos de los agricultores....

ACTRIZ 1.– Este tomate procede de semillas antiguas... si supieran todo lo que ha pasado... tres tomates que ilustran la lucha por los sabores perdidos... tres tomates libres de productos químicos. El valor del tiempo frente a la inmediatez y la prisa...

ACTRIZ 2.– Miles de millones de dólares, multinacionales, la bolsa de

Chicago... (*Actriz 1 y Actriz 2 interpelan a Actor simulando interrogarle*). Usted gestiona un fondo de inversión...

ACTOR.– ¿Puedo hacerles una pregunta?

ACTRIZ 1.–... reúnen dinero, alquilan tierras, contratan servicios, hacen cosechas y se reparten la pasta...

ACTRIZ 2.–... no necesitan ser propietarios, convencen... y subrayo el verbo convencer... a los campesinos para que alquilen sus tierras... ¿y si hay resistencia?, ¿les presionan, les amenazan, les fumigan?

ACTOR.– Tengo respuestas... ¿las quieren?

ACTRIZ 1.– Grandes extensiones de monocultivo, toneladas de agroquímicos... productos que no sirven para dar de comer... azúcar, vino, algodón... soja para alimentar cerdos, vacas y pollos... palma para agrocombustibles... todo para la exportación... nada se queda...

ACTOR.– (*Levanta la mano y pide la palabra*). ¿Por qué no están en la primera línea de atención estudios científicos que relacionan los pesticidas con enfermedades? Cáncer... párkinson... hepatitis... leucemia... lupus... hipotiroidismo... malformaciones... alteraciones hormonales...

ACTRIZ 1.– En la pregunta está la respuesta. ¿Por qué no?

ACTRIZ 2.– ¿Es fiable una industria que lleva a la práctica la máxima de Atila, soy el martillo del mundo y donde mi caballo pisa no vuelve a crecer la hierba? Guerra del Vietnam, Monsanto participa en la creación de un producto destinado a dejar la selva sin hojas, es una táctica del ejército de los Estados Unidos... setenta millones de litros de un herbicida invisible son arrojados... ¿escuchan ese silencio? Contaminación... enfermedades terribles... hoy sigue haciendo daño, es el agente naranja... un solo vaso de ese producto en el agua potable de una gran ciudad acabaría con sus habitantes...

ACTRIZ 1.– ¿Y si les digo que las depuradoras no pueden eliminar los nuevos compuestos químicos que no dejan de aparecer en el mercado, que se vierten una y otra vez... una y otra vez... en un constante flujo?

ACTRIZ 2.– Lo sabemos, estamos advertidas, gentes del teatro... cuidado con ser agoreros, cuidado con los mensajes apocalípticos. Cuidado con provocar justo lo contrario...

ACTOR.– Ochocientos millones de toneladas de sustancias químicas se producen cada año... ¿dónde está eso? En el aire, en el agua, en la comida... dentro de nosotros... ¿dónde queda todo eso?

ACTRIZ 1.– ¿Ustedes sabían que los científicos han encontrado hembras de caracola con penes milimétricos en las rías gallegas?

ACTRIZ 2.– ¿Sabían que también han encontrado carpas macho con ovarios en el río Ebro?

ACTOR.– ¿Acaso sabían que han encontrado salmonetes transexuales en el mediterráneo? Este fenómeno de transexualidad animal se llama sexo impuesto y es consecuencia de la contaminación química.

ACTRIZ 1.– ¿Ustedes sabían que han sido detectados ansiolíticos en los ríos?, los peces están de subidón, comen más rápido, con más ansiedad, se vuelven intrépidos y asociales, ¿por qué?, por el colocón que tienen, pero... ¿cómo llegan los ansiolíticos a los ríos?

ACTRIZ 2.– Por la orina... por tirarlos al váter... las depuradoras no pueden eliminar tanto compuesto químico nuevo que no deja de aparecer en el mercado...

ACTOR.– Por supuesto... lo sabemos... ¿tal vez lo están pensando? Sabemos que hay argumentos contrarios que llegan desde la otra orilla y nos contradicen... ¿cómo se puede reconocer la verdad? Somos gente de teatro, Irascibles, propensos a irritarse y a irritar, mezclando agua y aceite, lo que es y lo que podría ser, embaucadores, pretenciosos... gente de teatro, inspirados por ingenuos actos de fe, ¿lo están pensando? Ingenuos, ilusos... ¿creemos que podemos cambiar el mundo haciendo esto que hacemos? ¿Les parece ridículo? Traemos aquí lo que debería repetirse muchas veces... el fracaso forma parte del juego, moriremos en el empeño... Lo que nos cuentan, lo que hemos visto, lo que hemos aprendido... lo que hemos convertido en nuestra verdad... todo eso lo conducimos hasta aquí donde tiempo y espacio son... como un cubito y una pala para hacer castillos de arena...

ACTRIZ 1.– Tampoco te pases...

ACTRIZ 2.– Señor metáfora...

ACTOR.– Me pongo el corsé, me lo quito... aquí estamos y ya que estamos no lo vamos a desaprovechar... nos va la vida en ello... ahora me voy, salgo de la escena... haré que parezca una decisión estética pero en realidad es una solución escénica, para lo siguiente...

Recoge su tomate y sale de escena.

ACTRIZ 2.– ¿A quién creer? ¿Cómo alimentar al mundo que tendrá nueve mil millones de habitantes en dos mil cincuenta? ¿Con o sin pesticidas? ¿Cómo hacen para evaluar los riesgos de estas sustancias? Cogen una rata, le aplican la sustancia y si muere o al animal le invaden los tumores entonces y solo entonces empiezan a bajar la dosis, así hasta que las tolera... eso con cada producto... ¿qué pasa cuando lo que nos llega es un cóctel de sustancias químicas? Yo también me voy... pero... volveré...

Recoge su tomate y sale de escena.

ACTRIZ 1.– En el mundo, todos los años, mueren por intoxicación aguda cientos de miles de personas, sobre todo agricultores. Sin morir, millones de personas sufren cierto grado de intoxicación, ¿y los efectos a largo plazo?, exposiciones a niveles bajos, poco a poco, como gota de agua que taladra la piedra... consecuencia del uso de pesticidas... muertes... intoxicaciones... ¿no deberían justificar una intervención a nivel internacional?, me voy, ahora viene otra escena... viajaremos a la otra orilla... para traerles a personajes que con toda seguridad les van a decir que nosotros estábamos equivocados...

Recoge su tomate y sale de escena.

ESCENA 2

Actor es ahora: Truñer y Actriz 2: Selles.

Se escucha un mensaje acústico: ¡ENTRENANDO TERTULIANOS!

Truñer en escena, entra Selles y le entrega una especie de pulsera.

TRUÑER.– ¿Qué es esto?

SELLES.– Un pulsómetro, póngaselo...

TRUÑER.– ¿Para qué?

SELLES.– Cada vez que le suban las pulsaciones por encima de lo normal le colocaré una pegatina sancionadora.

TRUÑER.– ¿Una pegatina?

SELLES.– Sancionadora...

TRUÑER.– Señora Selles...

SELLES.– Señor Truñer... la impulsividad le hace vulnerable.

TRUÑER.– Oiga... mis libros se venden, mis conferencias se llenan...

SELLES.– Es parte del plan, no se apropie de todo el éxito... usted va a participar en debates televisados, en prime time, con tertulianos dispuestos a destrozarle.

TRUÑER.– ¿Tertulianos?

SELLES.– Tertulianos sí, ¿no le gusta la palabra?

TRUÑER.– Soy divulgador científico.

SELLES.– Con mi reloj sabré si sus pulsaciones aumentan.

TRUÑER.– Pegatinas sancionadoras... sinceramente señora Selles...

SELLES.– La industria química confía en usted, relájese, demuestre lo que sabe hacer. Le observan más de cien candidatos a tertulianos.

TRUÑER.– ¿Tertulianos?

SELLES.– A trabajar señor Truñer.

TRUÑER.– Mi estatus ha cambiado, debería tratarme con un poco más de...

SELLES.– Tiene muchos detractores, tenemos que cuidar los detalles.

TRUÑER.– ¿Detractores?, no están a la altura, merezco mejor trato.

SELLES.– ¿Necesita que le aplaudan? Pido un aplauso para usted. (*Pide un aplauso al público*).

TRUÑER.– ¿No le caigo bien señora Selles?

SELLES.– Sea creíble, rebaje un poco de orgullo, lo rezuma.

TRUÑER.– Digo lo que pienso, pienso lo que digo, lo que digo lo pienso y lo que pienso lo digo... hago un trabajo que usted no valora.

SELLES.– (*Le pone una pegatina*). ¡Pegatina!

TRUÑER.– ¿Por qué?

SELLES.– ¿Pulsaciones?, pegatina... y esa sonrisita permanente hay que evitarla, importa lo que dice pero también cómo lo dice, usted se gusta tanto que se besaría a sí mismo.

TRUÑER.– ¿Eso es lo que le llega de mí?

SELLES.– Cuide el lenguaje de sus gestos, es arrogante, impertinente, cae muy mal y no lo digo yo, hay informes muy concretos. Aquí tiene un auditorio que le escucha. Cada espacio en el que usted aparezca será una oportunidad de convencer a mucha gente.

TRUÑER.– (*Selles se echa a un lado*). Sinceramente señora Selles...

SELLES.– Yo le interpelo a usted, usted a mí no, son las reglas. Y procure que no le suban las pulsaciones...

TRUÑER.– Me parece que a estas alturas, después de todo lo que hice...

SELLES.– Dicen que bajo su dialéctica chistosa esconde un discurso servil que sólo beneficia a las multinacionales.

TRUÑER.– Los ecologistas dicen que estamos envenenando a la tierra, para empezar, la esperanza de vida sigue creciendo año tras año.

SELLES.– Dicen que es usted ingenioso, que tiene un discurso atractivo que sabe nadar contracorriente...

TRUÑER.– ¡Ese comentario es positivo! ¿Huertos para todos?, ¿piensan que el futuro de la alimentación pasa por eso?, bien, ¿cuánto terreno necesitamos? Es una inversión en felicidad pero científicamente no es posible. Repitan conmigo...

SELLES.– No sea arrogante.

TRUÑER.– Los hechos son los hechos.

SELLES.– No me interpele, escuche, reaccione, piense, y no me mire...

TRUÑER.– ¿Una agricultura que respete el medio ambiente?, lo firmo ahora mismo. Pero... ¿por qué renunciar a la tecnología?, es de idiotas.

SELLES.– Dicen que ustedes quieren convertir a los agricultores en aplicadores de agroquímicos para producir, producir y producir...

TRUÑER.– Producimos tres veces más de lo que producíamos hace cinco años, somos muchísimos más y tenemos que comer todos los días.

SELLES.– Señor Truñer, cuando usted está inseguro...

TRUÑER.– No estoy inseguro señora Selles.

SELLES.– No me interpele. Si no está inseguro lo parece, le voy a decir por qué... algo extraño empieza a ocurrir alrededor de las ventanas de su nariz, un palpitar de los bordes, una oscilación de los orificios... no me mire... continúe...

TRUÑER.– ¿Volver a la agricultura de nuestros abuelos?, señoras, señores, estamos a punto de crear artificialmente la fotosíntesis. Creamos organismos de diseño para alimentar al mundo.

SELLES.– Suena a que todos deberían aplaudirle por lo que hace. La voz transmite la personalidad y su voz lo que nos provoca...

TRUÑER.– ¿Nos provoca? No se oculte en un plural, ¡le provoca a usted!

SELLES.– ¡Pegatina! (*Se la pone*). Respete la regla, yo le interpelo pero usted a mí no y no me mire.

TRUÑER.– Señoras, señores, necesitamos crear paraísos artificiales, ser más eficientes con menos tierra.

SELLES.– La variación tonal es esencial, tono agudo para llamar la atención del público pero lo importante se debe decir con un tono grave, usted parece un vendedor callejero.

TRUÑER.– ¿Un vendedor?, pensándolo bien... vendo maneras de pensar...

SELLES.– Dicen que atacan la agroecología porque es una alternativa muy seria y utilizan personajes como usted.

TRUÑER.– Ahora lo veo, usted pone a prueba mi capacidad de argumentar y mi resistencia emocional, ¿por qué?, porque van a intentar destruirme, confieso... no a usted, al auditorio, que la señora Selles me estaba tocando las pelotas pero ahora veo que es parte de la estrategia... (*Selles le pone otra pegatina*). ¿Y esta pegatina por qué?

SELLES.– Por confiado... Dicen que sus conclusiones son barbaridades científicas, le describen como un tertuliano a sueldo en programas mediocres. Defiende la industria química pero recibirá muy poco, usted es un soldado de segunda fila, un producto de usar y tirar.

TRUÑER.– Por un momento señora Selles me había ilusionado... creía que iba con buenas intenciones.

SELLES.– ¡No me interpele señor Truñer!

TRUÑER.– Un agricultor tiene que recuperar lo invertido, sin química no es posible, lo siento mucho, la vida es así, no la he inventado yo... esto no es mío, lo dijo Sandro Giacobbe... no me mire así... es un cantante... ¡Alimentaremos a ocho mil millones de personas todos los días, repitan conmigo, ocho mil millones! ¡Gracias a los productos químicos!

Selles le pone otra pegatina.

SELLES.– No se exalte, puede que sea interesante lo que dice pero provoca rechazo... sus pulsaciones están fuera de control Es mejor dejar a los oyentes pensativos que excitados.

TRUÑER.– Hay críticas que tienen poco de científicas y mucho de posicionamientos ideológicos, siento interpelarle...

SELLES.– Raro movimiento de cabeza cuando pretende ser irónico.

TRUÑER.– El principal problema de la agricultura ecológica es que produce muy poco... las personas somos caprichosas, comemos todos los días...

SELLES.– No caiga en lo evidente señor Truñer.

TRUÑER.–... si bajamos la productividad... hace falta más comida, ¿de dónde sacamos más terreno?, ¡tendremos que deforestar!

SELLES.– No parezca hostil, module Truñer.

TRUÑER.– Al terreno cultivado hay que sacarle el mayor rendimiento posible, la agricultura ecológica no alimenta a ocho mil millones de personas, alimenta a ocho millones de hippies... ¿le gusta el chiste señora Selles?

SELLES.– La provocación es un arte pero cuidado, puede estallarle...

TRUÑER.– La agricultura ecológica emocionalmente es maravillosa, pagas más porque crees que beneficias al medioambiente y los productos que comas van a estar más buenos... ninguna de las dos cosas es cierta.

SELLES.– Argumente sin perderle el respeto a su adversario... no son sus enemigos... hay un dilema, usted trata de resolverlo.

TRUÑER.– ¿España productora de agricultura ecológica?, sí, pero, ¿es un país consumidor de agricultura ecológica?, no, ¿por qué?, lo que se produce se envía al norte de Europa, producimos aquí y lo metemos todo en un camión y lo enviamos a Suecia, la huella ecológica a tomar por culo.

SELLES.– Populismo de taberna... sea elegante...

TRUÑER.– Las mayores empresas de agricultura ecológica también dependen de multinacionales, ¿por qué?, han visto un nicho de mercado.

SELLES.– Buena premisa, continúe...

TRUÑER.– Algo natural no tiene por qué ser mejor que algo sintético, si tienen la misma composición son idénticos... les voy a ser sincero, hoy en día hay mucha tecnofobia...

SELLES.– No se entiende... sea más concreto...

TRUÑER.– Muchos no utilizan agroquímicos por pura ideología ecologista, aunque se haya demostrado que son más efectivos, les han hecho creer que atentan contra el medio ambiente... estimado público, si no los usan el rendimiento baja, tendrá que vender más caro, agricultura para ricos.

SELLES.– Señor Truñer... mueve mucho las manos... no siempre estará sentado...

TRUÑER.– Ni una sola evidencia demuestra que la composición nutricional de un producto de agricultura orgánica sea mejor o peor que uno de la convencional, ni tampoco que sean más sanos. ¿Lo digo cantando?

SELLES.– Usted no es gracioso, debería asumirlo.

TRUÑER.– ¿No soy gracioso?

SELLES.– No. Un buen orador destaca en el manejo de la entonación.

TRUÑER.– ¿Usted de dónde ha salido señora Selles?

SELLES.– Cállese. (*Le pone una pegatina*). Por impertinente...

TRUÑER.– Usted me tiene ojeriza...

SELLES.– Los agricultores se quejan de que les roban lo esencial, antes tenían la siguiente cosecha en sus manos, ahora les obligan a comprar semillas.

TRUÑER.– No pueden perder tiempo. ¿Seleccionar semillas para la próxima generación?, es lento, repitan conmigo: muy lento, hay que asegurar la calidad. ¿Se puede hacer más rápido?, sí, ¿cómo?, usando productos químicos. Repitan conmigo: usando productos químicos.

SELLES.– No abuse del público... no es un concierto de rock...

TRUÑER.– Un agricultor no utiliza productos químicos para envenenar, no es el malvado destructor del planeta, si se utilizan de forma responsable no habrá ningún problema. ¿Lo repito? Ningún problema.

SELLES.– Bien... he de decirle que me ha sorprendido gratamente...

TRUÑER.– ¿Perdón? Por favor, ¿puede repetirlo?

SELLES.– Me ha sorprendido...

TRUÑER.– Gracias a una técnica taoísta no eyacularé... quiero decir emocionalmente... no me mire así señora Selles... ¿la he cagado?, lo sé... no soy gracioso...

SELLES.– ¡Cállese! Sus opiniones sobre el glifosato han echado gasolina al fuego... no controla su impulsividad... dicen que usted promociona un veneno que mata, que le pagan muy bien por hacerlo... escúcheme... la mayoría de las veces menos es más Truñer... dicen que usted se ríe de algo tan serio como que en dos mil quince en Europa el glifosato fue clasificado como probablemente cancerígeno... y le recuerdan que en Francia lo van a prohibir en parques y jardines...

TRUÑER.– En una conferencia intentaron agredirme, dije y no me arrepiento que en Sudamérica hay muchas corrupción, los políticos subvencionan ecologistas, así desvían la atención y culpan a las fumigaciones de que la gente muera... así no les critican por tener una sanidad de mierda.

SELLES.– No necesita más enemigos, no generalice...

TRUÑER.– Es cierto que hay un organismo que depende de la Organización Mundial de la Salud y que clasifica los productos químicos por el riesgo de producir cáncer... sí, es verdad, han puesto al glifosato en la categoría dos... literalmente dicen: el glifosato es "probablemente" cancerígeno... ¿qué actividades entran en esa categoría dos?, trabajar en peluquerías, estar expuesto al humo de los coches...

SELLES.– Menos es más Truñer. ¿Reconoce este texto? Había una vez una ciudad en la que todos los seres vivos parecían vivir en armonía con su entorno...

TRUÑER.–... la ciudad estaba enclavada en el centro de un mosaico de prósperas granjas, con campos de cereales y huertos donde, en primavera, blancas nubes de flores se mecían sobre los verdes campos. Es el principio del libro "Primavera silenciosa".

SELLES.– ¿Qué opina de ese libro?

TRUÑER.– Pura poesía, un hito del ecologismo...

SELLES.– Tiene esa sonrisita...

TRUÑER.– Es el libro de una escritora, Rachel Carson, escrito en mil novecientos sesenta y dos, para mí es ciencia ficción... primaveras silenciosas, sin el trino de los pájaros, sin abejas, sin animales corriendo por las praderas y todo por culpa de los químicos. A esta mujer la acusaron de comunista... no era experta, ni tenía doctorado en química, hacía literatura de terror... (*Irónicamente*)... inexplicables muertes, adultos y niños atacados súbitamente, morían a las pocas horas... los pájaros desaparecían, temblaban porque no podían volar, primavera sin ruidos, silencio de muerte... en los desagües, bajo los aleros de los techos, se podía ver un polvo blanco... el DDT. Muerte de humanos por DDT no hubo, si de pájaros... gracias al DDT se acabó con la malaria...

SELLES.– Menos es más, está bien por hoy Truñer... (*Le pone dos o tres pegatinas seguidas*). Usted no es un bufón, para eso hace falta mucho más talento.

TRUÑER.– ¿No debería usted llevar otro pulsómetro?

SELLES.– Mañana a la misma hora...

SELLES se va. Truñer queda solo, incómodo y con ganas de seguir.

TRUÑER.– Es toda una experiencia vivir con miedo, ¿verdad? Eso es lo que significa ser esclavo. Yo he visto cosas que vosotros no creeríais. Atacar naves en llamas más allá Orión... he visto Rayos C brillar en la oscuridad, cerca de la Puerta de Tannhäuser. Todos esos momentos se perderán en el tiempo, como lágrimas en la lluvia. Es hora de morir...

Entra Actriz 1.

ACTRIZ 1.– ¡Como que no! Sabía que ibas a aprovechar un hueco para meter el monólogo de Blade Runner.

TRUÑER.– No lo he podido evitar, el público me mira... de pronto sentí la necesidad...

ACTRIZ 1.– ¿La necesidad? (*Mira al público*). Es verdad, te provocan las ganas, sólo con mirarte... ¿Puedo yo también? Tenemos tiempo...

TRUÑER.– Claro... aprovecha, no hay tanto tiempo... no será la carta del jefe indio...

ACTRIZ 1.– ¿Por qué no?

TRUÑER.– Es muy largo...

ACTRIZ 1.– Un poquito... (*Hace algún ejercicio de concentración*). Mi pueblo tiene por sagrado cada rincón de esta tierra, la hoja resplandeciente, la arenosa playa, la niebla dentro del bosque, el claro en la arboleda y el zumbido del insecto son experiencias sagradas y memorias de mi pueblo, la savia que sube por los árboles lleva recuerdos...

TRUÑER.– (*Interrumpe*) ¿Qué somos?, actores... humildes, soñadores... todo eso de los tomates está muy bien, en serio... o esta escena, sí... está muy bien... es teatro de ideas, o no... vale, de acuerdo, pero... ¿sabes lo que creo?, deberíamos volver a los orígenes...

ACTRIZ 1.– ¿Cuándo éramos bichos? Estoy deseando... pero... ¿crees que ella va a querer?

TRUÑER.– ¿Ella? Se muere por volver a ser un bicho. Sígueme.

Salen de escena.

ESCENA 3

Se escucha un mensaje acústico: ¡CUANDO ÉRAMOS BICHOS!

Actor 1, protegido con una máscara, pulveriza el espacio, con saña, aunque algo temeroso. Persigue un insecto. Llegan Actor 2 y Actriz.

ACTOR.– ¿Quieres que nos matemos?

ACTRIZ 2.– ¿Qué te pasa? ¿Estás gilipollas? Afirmo, estás gilipollas.

ACTRIZ 1.– Las odio, no puedo trabajar con una merodeando por aquí.

ACTRIZ 2.– ¡Nos intoxicas pero tú te proteges!

ACTOR.– Aquí es donde vamos a trabajar, en tres minutos...

ACTRIZ 1.– ¿Tres minutos?

ACTRIZ 2.– (*Imita una voz grabada*). Faltan tres minutos para que empiece el espectáculo, ¿has oído? tres minutos.

ACTOR.– ¿Por qué tenemos que respirar este veneno?

ACTRIZ 1.– No puedo y lo sabéis...

ACTRIZ 2.– ¿No puedes? ¿Y ahora qué va a pensar el público?

ACTRIZ 1.– ¿El público?, el público a estas alturas...

ACTRIZ 2.– ¿Una obra sobre bichos tiene sentido después de lo que has hecho?

ACTOR.– El espectáculo va a comenzar, apaguen sus teléfonos...

ACTRIZ 1.– ¡Cállate!

ACTOR.– ¡Una cucaracha!

ACTRIZ 1.– (*Reacciona con miedo*) ¡Dónde!

ACTOR.– Te jodes... Más miedo le das tú. Hueles a insecticida...

ACTRIZ 1.– Gilipollas...

ACTRIZ 2.– Me intoxico, esta mierda destroza las neuronas...

ACTRIZ 1.– Olvidarás el texto y dirás que es por el insecticida...

ACTRIZ 2.– ¡Silencio! El espectáculo está a punto de comenzar...

ACTRIZ 1.– ¿Estamos? (*Se quita la máscara*). ¿Estamos?

ACTOR.– El espectáculo comienza en tres, dos, uno...

Con una rápida transformación quedan convertidos en tres insectos.

ACTRIZ 2.– Este bicho... (*Señalando a Actor 1*) tiene una teoría... cuéntala...

ACTOR.– A ustedes les engañan con cuentos de terror.

ACTRIZ 1.– Les manipulan para que nos teman y quieran aniquilarnos...

ACTOR.– Se despertó una mañana después de un sueño intranquilo, se encontró en su cama convertido en un monstruoso insecto...

ACTRIZ 2.– Este es tan claro...

ACTOR.– Clarísimo...

ACTRIZ 2.– También los hay a favor... insectos y bichos huían de ese hombre tan inmenso...

ACTOR.– ¿Cómo se atrevía alguien a conocer el mundo a través de los ojos de un insecto?

ACTRIZ 2.– Matando una mosca herí una flor...

ACTOR.– Si amas al sol que te alumbra, tal vez amas y si amas al insecto que te muerde, amas...

ACTRIZ 2.– Al chirrido de los insectos sale la luna, el jardín oscurece...

ACTRIZ 1.– Me decís que lo cuente... ¿Lo cuento o no lo cuento?

ACTRIZ 2.– Deja que lo cuente... lo cuenta muy bien...

ACTOR.– ¿Acaso se lo impido?

ACTRIZ 1.– ¿Lo cuento?

ACTRIZ 2.– A la gran familia de los insectos nos han perseguido...

ACTOR.– Nos utilizaron... ¿Sí o no?

ACTRIZ 2.– Sí, para seguir con el negocio químico después de la guerra.

ACTOR.– Nos convirtieron en enemigos públicos.

ACTRIZ 2.– Para justificar un ataque organizado contra esta gran familia.

ACTOR.– Nos convierten en terroríficos.

ACTRIZ 2.– Un exterminio, un insecticidio y un negocio redondo...

ACTOR.– ¿Un negocio?, peor que eso...

ACTRIZ 2.– (*Insistiéndole a Actor 1*) Que lo cuente que lo cuenta muy bien...

ACTOR.– Cuéntalo que lo cuentas muy bien...

ACTRIZ 1.– Ya lo intento... habría que aclarar primero...

ACTOR.– Es cierto... siempre hay algo que aclarar... no vayan a creer que es fácil...

ACTRIZ 2.– ¿Fácil? Para nada...

ACTRIZ 1.– ¿Lo cuento o no lo cuento?

ACTRIZ 2.– Cuéntalo...

ACTOR.– Cuéntalo...

ACTRIZ 1.– A los enemigos de Norteamérica los convierten en villanos en el cine de Hollywood... ¿cierto?, ¿para qué?, para destruirlos en las películas.

ACTOR.– Para vender patriotismo americano... son guardianes de la justicia...

ACTRIZ 2.– El himno y la bandera ondeando al viento...

ACTOR.– Los héroes norteamericanos vuelven a salvar al mundo...

ACTRIZ 1.– Hollywood produce películas y los insectos son los enemigos, hormigas voraces que comen cosechas, comen caballos, comen ganado y si no se pone remedio se comen a los hijos de los granjeros...

ACTOR.– Avispas asesinas... abejas vengadoras...

ACTRIZ 2.– Garrapatas mutantes... el ataque de las arañas...

ACTRIZ 1.– Las babosas del sueño... gusanos asesinos...

ACTRIZ 2.–... el monstruo alado... aracnofobia...

ACTOR.–... enjambres anarquistas... cuando ruge la marabunta...

ACTRIZ 1.–... langostas, octava plaga... la mantis religiosa devora hombres...

ACTRIZ 2.– Cucarachas caníbales y acorazadas...

ACTOR.– ¡Los científicos salvarán al mundo con sus insecticidas!

ACTRIZ 2.– Mosquitos inteligentes con dientes afilados...

ACTOR.– Escarabajos con aguijones...

ACTRIZ 2.– Bichos asquerosos con inteligencias suprahumanas...

ACTRIZ 1.– La industria química tenía que salvar al mundo con sus insecticidas, la biblia anunciaba plagas de piojos, tábanos y moscas...

ACTOR.– Como un superhéroe norteamericano apareció...

ACTOR, ACTRICES 1 y 2.– ¡El DDT!

Los tres insectos interpretan el anuncio de promoción del DDT que tuvo su emisión radiofónica en 1945. Autores: Genaro Monreal 1894-1974 y Ramón Perelló 1903-1978, la partitura figura en la Biblioteca Nacional.

En la inmunda buhardilla/ De doña polilla/ Reuniéronse en junta/ El mosquito y la mosca/ Con la chinche y la pulga/ El asunto importante del orden del día/ Que se ventilaba/ Era aquél que trataba/ Del insecticida que muerte les daba./ La palabra el mosquito pidió/ La polilla se la concedió/ Y con frase certera Acusó que el culpable un ddt era. / Se acordó por unanimidad/ Que el verdugo era el ddt chas/ Y ante tal enemigo Firmaron el acta cantando afligidos./Ddt chas, ddt chas/ No hay quien te aguante;/ Tú, como el gas, la muerte das... En un instante;/ No hay ocasión de salvación/ Donde tú estás: /Ddt chas, ddt chas, ddt chas... (*Desaparecen después de la canción).*

Aparece la Mariquita.

LA MARIQUITA.– ¿Mi popularidad?, viene de lejos... pregunten a sus abuelos... nos cogían con delicadeza, recorríamos los dedos de sus manos y nos cantaban... Mariquita Pita saca tus alas y vete a misa... Mariquita pita, ponte el manto y vete a misa... les confieso que esta obsesión con lo religioso no va conmigo... soy laica... había sádicos que nos cantaban... Mariquita, cuéntame los dedos que si no me los cuentas te corto los vuelos. ¿Cortarme los vuelos? Hijos de puta, nos cortaban las alas... y otra coplilla que nos cantaban los niños... maricón, maricón, coge el manto y vete al sermón... qué manía con la misa y el sermón... yo para esta época laica en la que por fin se nos reivindica en la agricultura propongo una rima más coherente... Mariquita, putón, abre las alas y devora al pulgón... porque las mariquitas somos coleópteros, coccinélidos de la súper familia cucujoidea... ¿cómo nos definen?, insectos de aspecto adorable pero voraces depredadores... ¿qué me dicen? ¿Me van a pedir que me vaya a misa? Somos populares, es más, nos fabrican casas de mariquitas, sí... ¿saben cómo las llaman? Mariquitarium... ¿no es una monada? Nosotras a lo nuestro, donde haya un pulgón habrá una voraz mariquita putón... no me mandan a misa, me necesitan... pero ese veneno actúa en silencio, es un silencio que mata...

Desaparece la Mariquita. Sale la Mosca.

LA MOSCA.– ¿Soy o no soy el insecto más popular?, de la familia de los artrópodos... ¿cuánto tiempo vive una mosca? Entre quince y veinticinco días... entenderán que con una vida tan corta yo sólo esté para volar, comer y follar... volar, comer y follar... ¿Qué pasaría si la mosca se extinguiera? ¿Por qué no se preguntan eso en vez de preguntar por qué existimos? Bicho molesto, irritante... inevitables golosas, que ni labráis como abejas ni brilláis cual mariposas... que sepan que en mi corta vida hago cosas muy importantes... una, somos polinizadoras... sí, no solo las abejas... dos, degradamos materia orgánica y reciclamos materia viva... tres, esto lo diré con otra entonación... sí, qué pasa... para darme importancia... las moscas somos muy importantes para la policía... sí... ¿no lo saben?, ayudamos a resolver asesinatos... ¿Qué dicen ahora? Somos seres superiores, volamos como aviones de combate, percibimos el tiempo a cámara lenta, ¿han visto Matrix?, por eso se os hace tan difícil cazarnos... gilipollas... y tenemos nuestro lado humano, ¿no lo sabían?, una mosca macho, cuando no tiene el favor de la hembra, se emborracha... ¿qué pasa?, me miran y no sé si me toman en serio... si encuentran una mosca acechando su copa de vino sepan que probablemente lo haga por despecho... y sabemos contar hasta cuatro, hicieron un estudio... qué gilipollas, cuatro parpadeos de luz, uno, dos, tres... el cuarto tenía sacudida... conseguimos aprenderlo... que nos va la vida en ello... una vida muy corta... si no existiéramos las moscas es muy posible que no existiera la vida en la tierra... pero... ese veneno actúa en silencio... es un silencio que mata...

Desaparece la Mosca. Ahora sale la Abeja.

LA ABEJA.– Qué borrachera traigo, no sé ni dónde estoy, de dónde vengo, ni dónde voy, no soy de aquí ni soy de allá... ¿Polinizadores?, sí muy bien, no somos las únicas pero somos las mejores, ¿lo duda alguien? Soy pecoreadora y soy obrera... ¿bonito verdad?, la flor necesita ser polinizada... no puede hacerlo sola... necesita pasar el polen de la parte masculina a la femenina, ¿quién la va ayudar? ¡Una abeja obrera! Tengo que trabajar, néctar y polen... néctar y polen... y a la colmena... es un largo viaje, ¿pero a dónde?, y eso que tengo dos estómagos, uno es comunal pero con el otro he comido todo lo que he podido... para no cansarme, vuelo y como... vuelo y como... se supone que así calculo la distancia... por el néctar que he tenido que comer... yo tenía que comunicarme con las obreras, les hago un baile... haciendo ochos en el aire... indico dirección y distancia para llegar a ese maldito lugar de donde yo vengo... mientras volaba he visto a otras obreras retorciéndose, intentando limpiarse, agonizando... no voy a volver... yo soy... yo era... una abeja soldado, defendía la colmena de los invasores... voy a morir lejos, mejor así, moriré sola pero no envenenaré la colmena... ese veneno actúa en silencio... es un silencio que mata...

En escena la Mariquita, la Mosca y la abeja hacen el estribillo del chotis.

MARIQUITA, MOSCA, ABEJA.– Ddt chas, ddt chas No hay quien te aguante; Tú, como el gas, la muerte das En un instante; No hay ocasión de salvación Donde tú estás: Ddt chas, ddt chas, ddt chas...

4. EPÍLOGO.

Se escucha un mensaje acústico: ¡EPÍLOGO!

Actor, Actriz 1 y Actriz 2 en escena.

ACTOR.– ¿De dónde vienen las palabras que dan forma a su verdad? ¿Quién las escribe? Para los que desconfían de lo invisible lancemos una moneda al aire. ¿Es cierto lo que nos están diciendo? ¿Que los ríos y mares ya no absorben nuestros desechos y que ahora los tenemos dentro?, ¿que millones de personas sufren cierto grado de envenenamiento con pesticidas?

ACTRIZ 1.– Nos están diciendo que si alguna esperanza le queda al mundo no habita allí donde se celebran las conferencias del cambio climático, ni en los altos rascacielos. Habita en un lugar más bajo, donde están las personas que salen todos los días a luchar para protegernos...

ACTRIZ 2.– Quiero que vuestros hijos y los hijos de vuestros hijos nazcan en un mundo donde las historias sigan teniendo el poder de movernos en otra dirección. ¿En qué mundo queremos vivir? En esta hora en la que las luciérnagas amenazan la dictadura de la noche, los borrachos y los poetas se expresan sin censura, los sonámbulos buscan un lugar donde bailar y los niños cruzan las fronteras del sueño...

ACTOR.– ... allí donde la memoria no tiene ni final ni principio... dejamos muchas preguntas sin resolver... es su turno...

ACTRIZ 1.– ¿Ustedes qué piensan?

ACTRIZ 2.– ¿Ustedes qué van a hacer?

ACTRIZ 1.– ¿Podemos confiar nuestro futuro a un cuento de superhéroes?

ACTRIZ 2.– Los más brillantes cerebros vendrán a salvarnos del desastre.

ACTOR.– ¿Ustedes qué dicen? Tal vez tengamos que luchar contra nosotros mismos.

KIRUNA

Ruth Vilar

Kiruna de Ruth Vilar se estrenó el 20 de diciembre 2017 en La Sala Mirador de Madrid, bajo la dirección de Daniela Féjerman y los actores: Elvira Heras, Eva Redondo, Antonio Sansano e Ignacio Yuste.

ANALISTA. Enunciativa. Cuarenta.

AMAPOLA. Incisiva. Ochenta y tantos.

JACINTO. Firme. Setenta y muchos.

NARCISO. Maleable. Setenta y menos.

Al principio, las interpretaciones serán naturalistas. Poco a poco irán acentuando el desgaste físico y emocional de los personajes; esto es, revelarán el progresivo agotamiento de sus fuerzas.

La ANALISTA, en cambio, permanecerá estable, inmutable, casi no-humana.

Aquí. A los asistentes.

ANALISTA.– Buenas tardes. Paso ahora a exponerles algunos aspectos que les interesará considerar a fin de formarse una visión de conjunto. El primero: el éxodo rural. Aunque viene de antiguo, esta tendencia de abandonar el campo y establecerse en la ciudad se multiplicó a partir de la revolución industrial. Ya Tolstoi alertó sobre las consecuencias de esas migraciones para el propio campesino, luego obrero, y para el conjunto de la sociedad. Tolstoi era un buenazo, defendía la humanidad, la libertad, la justicia, la naturaleza... No se dejen conmover por esos ideales: tras su barba rusa, se escondía un auténtico un anarquista. Quizá les parezca que este apunte no viene a cuento, pero es de vital importancia que la sensiblería no altere el rigor de nuestro análisis. Partamos, pues, del éxodo rural como hecho consumado. Sus causas fundamentales: 1. la aspereza del medio –aislamiento, escasez de servicios– y 2. el desempleo galopante –a las explotaciones agrícolas mecanizadas les sobran brazos y su rendimiento económico cae en picado en un mercado que no contempla los costes de producción, sino que se rige por la ley de oferta y demanda–. Sus consecuencias evidentes: envejecimiento de la población –que conlleva una fragilidad individual creciente en un entorno de apoyo social menguante– y enquistamiento de la misma situación de ausencia de oportunidades laborales que alimenta el ciclo del éxodo. Como ven, las condiciones de necesidad en el mundo rural son acuciantes y sus habitantes harán bien en acoger con los brazos abiertos una iniciativa estratégica como la nuestra.

En otro lugar. Patio austero bajo un emparrado. AMAPOLA dispone tres vasos y una botella en una mesa larga de madera tosca y se sienta en una banca a esperar. Oye con preocupación que el campanario ya toca el primer cuarto. Se sirve un trago corto y lo apura de golpe. JACINTO se le acerca por detrás. AMAPOLA no lo oye llegar.

JACINTO.– ¿Para qué estoy aquí, Amapola?

AMAPOLA.– *(Se atraganta. Se sobrepone enseguida).* ¿Entras a escondidas como un ladronzuelo?

JACINTO.– Entro como quiero. Para mí, ésta es aún la casa de los padres. Tú me has hecho venir: dime a qué fin.

AMAPOLA.– Cuando llegue Narciso. Hablaré de una vez y para ambos. Los viejos no estamos en condiciones de malgastar saliva.

JACINTO.– Ni de derrochar las horas. Si tarda me vuelvo por donde he venido.

AMAPOLA.– Tú a tu aire, ¿eh, Jacinto? A punto de cumplir ochenta años y tan asilvestrado como de niño...

JACINTO.– Tú de mí no te acuerdas.

AMAPOLA.– ¡Vaya que sí! Te veía escabullirte por las noches. Te colabas a la mina a buscar piedrecitas brillantes. Te sorbían el seso. Ya ves, no eran más que trozos de cobre en bruto, pero tú te sentías rico atesorándolos. Y yo siempre te guardé el secreto.

JACINTO.– ¿No has mandado a la muchacha a llamarme con prisas, Amapola?

AMAPOLA.– Cuando esté aquí Narciso, he dicho.

JACINTO.– ¿Ya sabes si vendrá? Le has dado motivos para no querer verte.

AMAPOLA.– Menos que a ti, y mírate. Has aceptado mi invitación.

JACINTO.– Creía que era una orden.

AMAPOLA.– Ya empezamos.

JACINTO.– No empezamos: volvemos a lo mismo. Es lo malo de vivir tanto: la repetición. Sabes igual que yo lo que pasará ahora. Tú querrás imponerte; yo me enfrentaré a ti; Narciso el Indeciso entrará al trapo, un rato a mi favor y un rato al tuyo; discutiremos y nos haremos daño, siempre más del que reconocemos; nos cansaremos mucho; en la refriega emergerán razones que ignorábamos los unos de los otros, y al final, una de esas razones, la más pequeña, decantará la balanza. Tú acabarás llevándote el gato al agua. Y yo cederé y me arrepentiré ya mientras lo haga. Narciso en cambio se quedará tan pancho, porque no habrá entendido nada.

AMAPOLA.– Tú lo verás así.

JACINTO.– Claro, y tú no.

AMAPOLA.– Jacinto, cada quien tiene sus cosas. Y su sitio. Podemos ignorarnos mutuamente lo que nos quede de vida. Aun así seguiremos siendo hermanos.

JACINTO.– Buenos hermanos.

AMAPOLA.– De la clase que sea.

JACINTO.– Tú la mayor.

AMAPOLA.– Te guste o te disguste.

JACINTO.– ¿Qué estás montando aquí? ¿Una reconciliación oficial?

AMAPOLA.– Ni se me ocurre. ¿Tan poco nos conoces?

JACINTO.– Vete a saber, con la edad igual te habías reblandecido. A veces las viejas perdéis el oremus.

AMAPOLA.– Os he llamado por los almendrales.

JACINTO.– Amapola...

AMAPOLA.– ¿Qué?

JACINTO.– Que sobre la hacienda ya te dije mi última palabra. Los padres te legaron a ti la casa entera. Bien está, por algo sería. Los almendrales no. No dispongas de ellos a tu antojo. Fin de la discusión.

AMAPOLA.– Precisamente porque la finca no es mía sino nuestra, no puedo tomar sola la decisión urgente que requiere. No dejemos pasar a la ligera esta oportunidad. Para mí sé que será la última. Piénsalo bien, a lo mejor también lo es para vosotros.

JACINTO.– ¿De qué narices hablas?

AMAPOLA.– Han venido el alcalde y un señor extranjero. Me han propuesto un acuerdo. Cuantioso, Jacinto. Quieren que les vendamos los almendrales.

JACINTO.– ¿Cuáles?

AMAPOLA.– Todos.

JACINTO.– ¿Por qué? ¿Son comerciantes? ¿Van a mercadear con las almendras?

AMAPOLA.– No es para eso, no.

JACINTO.– ¿Es un proyecto público? ¿Un parque de almendros centenarios? Eso lo aceptaría. La venta o, mejor todavía, la cesión. Que volviese a pasear la gente entre esos árboles, que trepasen a las ramas los chavales, que se citasen los enamorados a la puesta de sol. Allí le pedí yo la mano a mi Natalia...

AMAPOLA.– Qué finezas. Ya sé lo que le pediste a Natalia en esos campos y lo deprisa que ella te lo dio.

JACINTO.– Un cuarto de siglo sin querer oírte y no te cuesta ni un cuarto de hora recordarme por qué. Aquí te quedas, jueza inquisidora. Y ojalá te amojames. *(Va a salir).*

NARCISO.– *(Que llega picoteando un puñado de almendras).* ¿Levantáis la sesión extraordinaria? ¡Tampoco llego tan tarde! ¡Temprano se me hace, para un cojo añoso como yo!

AMAPOLA.– Espérate, Jacinto. ¡Qué sabré yo de ti y de la Natalia!

JACINTO.– *(Aceptando quedarse un poco más).* ¡Qué habrás sabido tú en la vida de nada ni de nadie!

NARCISO.– ¿A qué viene el apacible reencuentro? ¿Qué es eso tan urgente de lo que hablábamos?

JACINTO.– Tu hermana, que tiene un trato para proponernos.

NARCISO.– Ay, Amapolilla, no te ofendas, pero es que a mí no me interesan los tratos contigo. Siempre te las apañas para salir ganando. Ya saldaremos cuentas tú y yo cuando la diñes... ¿Sabes en qué me voy a patear la legítima? En abono para el huerto. *(Ríe su propia ocurrencia).* Mierda eres y en mierda te convertirás. *(Sigue riendo, sin conseguir relajar el ambiente. Se da cuenta).* Muy mala cara tienes, no me va a hacer falta esperar tanto.

JACINTO.– ¿Cuándo la tuvo buena?

NARCISO.– Eso es verdad. *(Le ofrece almendras a JACINTO).*

AMAPOLA.– ¿Has invertido veinticinco años en inventarte ese chiste sin sustancia, Narciso? Como le he dicho a tu hermano, han venido a presentarnos una oferta de compra por los almendrales.

NARCISO.– ¿Me prefieres serio? Serio me tendrás. No se venden. Y sanseacabó.

AMAPOLA.– ¿Porque tú lo digas?

NARCISO.– ¿Acaso no depende de lo que diga yo? Nos has llamado porque sin nuestra firma no hay acuerdo. Pues lo que es la mía no la vas a obtener de ningún modo. *(Recupera la campechanía).* ¿Eso qué es? ¿Orujo del de casa? ¡Propongo que brindemos por las bodas de plata de nuestro odio fraternal y luego cada mochuelo a su olivo! *(Sirve los tres vasos).* Hay que ver lo estropeados que estáis...

AMAPOLA.– Han puesto un dineral sobre la mesa.

NARCISO.– Me gustan más los almendros que el dinero.

AMAPOLA.– Darán trabajo a la gente del pueblo. A tus nietos, Narciso, para que no se vayan. *(Nuevo ensombrecimiento de NARCISO, que delata la gravedad del asunto).* Es por eso que os he hecho llamar...

JACINTO.– ¿Que nos has reunido aquí en beneficio de los nietos de éste? ¡Si ni los reconocerías por la calle! No la escuches más, Narciso, que te encandila.

NARCISO.– ¿Qué trabajo?

AMAPOLA.– En la mina.

Aquí. A los asistentes.

ANALISTA.– Segundo: la percepción de la *mina*. Las connotaciones en el inconsciente colectivo. Ya de suyo, la palabra se usa para referirse a un negocio o asunto del que, con poco trabajo, se obtiene una cuantiosa recompensa. La cosa es que, en la región que nos ocupa, el yacimiento fue explotado durante buena parte del siglo pasado. Su cierre, motivado por la caída del precio del cobre en los mercados internacionales, sumió la zona de golpe y porrazo en el marasmo económico, lo que condujo a un éxodo rural súbito, traumático. Para los lugareños, decir *mina* equivale a decir *unidad familiar*, *felicidad* y *futuro*. Esto los predispone más favorablemente a aceptar nuestros términos. Respecto a la compra de los terrenos, el hecho de que actualmente sus dueños no les den uso, así como la cortedad de esos mismo dueños en lo tocante a cuestiones financieras, nos permitirá adquirirlos a un precio más que asequible. Que ignoren la escalada de la cotización del cobre nos beneficia y no es culpa nuestra.

En el otro lugar.

NARCISO.– ¿Qué trabajo?

AMAPOLA.– En la mina.

JACINTO.– La mina queda muy lejos de los campos. ¿Qué tendrá que ver una cosa con la otra? Te han tomado el pelo, vieja chocha.

AMAPOLA.– Sentaos. Bebámonos el orujo. Si cuando acabe de contároslo aún pensáis igual, dais media vuelta y seguimos como estábamos veinticinco años más.

NARCISO.– Tú no vas a durar veinticinco años más.

AMAPOLA.– Y tú que sabes. *(Vacía su propio vaso y vuelve a llenárselo hasta arriba).* A ver quién se pudre antes. *(Se sientan en la banca).*

JACINTO.– Yo no bebo. Quiero oírte bien sobrio.

AMAPOLA.– ¿Sabéis dónde está Kiruna? *(Ambos niegan).* Es una ciudad sueca. Pues allí ya han hecho esto mismo que van a hacer aquí. Me han dejado unos papeles que lo explican con detalle. *(Se los saca del delantal y se los enseña. Los tres se ponen gafas).* "¿Qué nos separa de la prosperidad? Apenas un grácil deslizamiento."

JACINTO.– ¿Qué van a deslizar y a qué fin?

AMAPOLA.– Reactivarán la mina. La van a poner a funcionar a lo grande. Extraerán diez millones de toneladas de cobre anuales.

JACINTO.– Mucho cobre es eso.

AMAPOLA.– ¿Sabéis cuántos brazos van a necesitar? ¡Habrá jornales para todos los vecinos!

JACINTO.– ¿Desde cuándo te desvives por el bien ajeno?

NARCISO.– ¡Déjala hablar! ¿Qué quiere decir esto del grácil patinazo?

AMAPOLA.– Deslizamiento. La mina funcionará a cielo abierto. Excavarán en cono. Abajo, abajo, abajo, y alrededor sucesivos escalones concéntricos. Cuanto más profundicen, más tendrán que desparramar la mina hacia los lados. Hasta aquí es todo lógico, no me digáis que no.

JACINTO.– Continúa.

AMAPOLA.– Ellos han hecho cálculos, así que saben de antemano cuánto terreno circundante irá conquistando la mina en los próximos años. Y como son previsores, porque si no pueden asegurarse crecer no les sale rentable establecerse aquí, están comprando los terrenos privados, que de los públicos ya se ocupa el alcalde.

JACINTO.– Aún no nos has dicho qué se deslizará.

AMAPOLA.– ¡Ah, eso! ¡Pues el pueblo! Lo moverán un trecho más allá. Lo aprobará el pleno. Es cosa de semanas. Ya veis que nuestra respuesta corre prisa. No me miréis así, que evacuar un pueblo y reconstruirlo en otro sitio tampoco es para tanto: se hacía con las presas, se hará con esta mina. ¡Y mirad si hemos tenido suerte nosotros! ¡Por ser terratenientes nos han hecho una oferta!

NARCISO.– ¿No se la van a hacer a todo el mundo?

AMAPOLA.– No tan ventajosa como la nuestra.

JACINTO.– ¿Los que no estén de acuerdo podrán negarse?

AMAPOLA.– Negarse, podrán. Pero no cambiarán nada. Al que no venda, tendrán que expropiarlo. Es por el bien de todos.

NARCISO.– ¿Los dueños de una mina privada pueden expropiar?

JACINTO.– Ya lo hará el alcalde, ¿no es eso, Amapola?

NARCISO.– Pero esa gente no quiere los almendros para nada. Esto es como venderlos para leña.

JACINTO.– Ni eso. Tala y desperdicio.

NARCISO.– Claro que los sacrificaríamos por un futuro mejor.

JACINTO.– ¡Mejor!

Silencio.

JACINTO se levanta para irse. Palmea el hombro de NARCISO. El campanario toca la media.

NARCISO.– ¿Os acordáis de lo bien que vivimos mientras la mina estuvo abierta?

AMAPOLA.– El porrón que rebosaba vino...

NARCISO.– Las gachas con tocino veteado...

AMAPOLA.– La leche tan cremosa...

NARCISO.– El pan tierno untado en el aceite...

AMAPOLA.– ... ¡en ese aceite que parecía oro!

JACINTO.– ¡Y el maná que caía del cielo! No me salgáis con que echáis de menos aquellos años.

NARCISO.– ¡Y de qué manera!

AMAPOLA.– ¡Qué tiempos!

NARCISO.– ¡Qué fuerzas!

AMAPOLA.– ¡Y qué buena fortuna!

NARCISO.– Nosotros trabajábamos allí como animales y así nunca faltaba alegría aquí, en la mesa. ¿No te acuerdas, Jacinto?

JACINTO.– Demasiado, me acuerdo. De cómo resplandecía el cobre y de cómo envenenaba este aire y esta agua. De cómo sonaba la canción perpetua de las voladuras. De cómo masticábamos de día y de noche el polvo del metal machacado. De cómo se morían a cobre los mineros.

AMAPOLA.– El extranjero dijo que ahora era distinto.

NARCISO.– ¿El sueco?

AMAPOLA.– ¿Qué sueco?

NARCISO.– El señor de Kiruna.

AMAPOLA.– No era de Kiruna. Había estado allí. Da igual de dónde fuese.

NARCISO.– Igual, igual, no da... No es lo mismo que quiera hacer aquí lo que hizo en su pueblo –donde vivirán sus hijos o su madre, donde jugó de crío y soñó con ser hombre–, que lo que hizo en un sitio que ni le va ni le viene.

AMAPOLA.– No te pongas ñoño, Narciso. Era un experto. Y afirmó que hoy en día el proceso de extracción es completamente seguro.

JACINTO.– Tan seguro como la muerte.

AMAPOLA.– Inocuo, dijo.

JACINTO.– Te contó cuentos de hadas. No firmaré la venta de los almendrales para que ellos saquen un provecho del que aún está por ver qué parte le toca al pueblo a costa de un destrozo cuyas consecuencias ni siquiera podemos anticipar.

NARCISO.– Espérate, Jacinto. A nuestros chicos les hace falta trabajo. A esos señores, cobre. Si son expertos, sabrán lo que se hacen. Mucho o poco, saldríamos todos ganando...

JACINTO.– No todos ganaríamos igual. Que en el peor de los casos, nosotros aquí perdemos mucho y ellos, nada. ¿No has oído a Amapola? ¡Ya han hecho sus cálculos!

AMAPOLA.– ¿Cuántos ideales de pobretón digno te metió en la cabeza la gazmoña de Natalia? ¡Estamos hablando de una fortuna! ¡De empleos para remediar al pueblo entero! Que cada uno se meta su parte de provecho en el bolsillo, y si quieres, tú, hombre solidario, le regalas al prójimo la tuya.

NARCISO.– ¡Amapola!

AMAPOLA.– ¿Qué?

NARCISO.– Retira lo de la Natalia.

AMAPOLA.– Gazmoña y con la cabeza a pájaros. Sólo digo verdad.

NARCISO.– La Natalia era alegre y generosa, y siendo tú como eres, a nadie le extrañaba que le tuvieses semejante inquina. Pero ni así se habla con desprecio de los muertos delante de sus vivos. Retíralo o nos vamos. Los dos. Ahora mismo.

AMAPOLA.– ¡Sois capaces! Por rencillas, dejaréis escapar esta ocasión perfecta.

JACINTO.– ¿Esta ocasión de qué, bruja avara? ¿De contar tus monedas a la sombra del emparrado mientras contemplas allá en el horizonte la mina a cielo abierto, que va ensanchándose en anillos concéntricos y devorando la tierra circundante para poder ahondarse? ¿Sabes qué traen al pueblo esos señores? Destrucción de los árboles. Emponzoñamiento del aire y del agua. Perjuicio para el pueblo. Saqueo del yacimiento. ¿Nos lo tragamos a cambio del salario de unos pocos hombres durante unos pocos años? ¿Es eso un trato justo? ¿De verdad que podemos darles tanto? ¿Acaso todo esto nos pertenece?

NARCISO.– ¿Es cuestión de principios, Jacinto?

JACINTO.– De ninguna manera aceptaré tomar parte en este acuerdo.

NARCISO.– ¿Y te mueres más tranquilo si, en vez de venderles los campos, nos los expropian?

JACINTO.– Que hagan tanto daño como quieran, pero no con mi ayuda.

NARCISO.– Pues ya está. No vendemos: que nos lo quiten. Igual habrá trabajo para los chavales y a ti no te pesará en la conciencia. Además nos vengamos de tu hermana ahí donde le duele. Porque ahí sí que te duele, Amapola, no lo niegues. ¡Brindo por una solución tan redonda!

Ahora sí que levanta su vaso JACINTO. Los hombres beben.

Aquí. A los asistentes.

ANALISTA.– Nuestro proyecto cuenta con el apoyo sin fisuras de las autoridades locales. Los habitantes de la zona recibirán la noticia de la reapertura de la mina como agua de mayo. Un representante de la compañía ya ha viajado allí para informar profusamente a los implicados. Los enterará de todo lo relativo a seguridad laboral y control medioambiental, pondrá el debido énfasis en los incomparables beneficios económicos y minimizará la cuestión de la preparación de los terrenos, ya saben, la tala y el traslado de la población, para evitar que despierte susceptibilidades. En términos objetivos, una mina que no encuentra oposición es una mina más eficaz. El ruido mediático entorpece la puesta en marcha, *ergo* encarece la explotación. En este sector nuestro de la minería del nuevo milenio, la notoriedad es un lastre. Una mina desapercibida es una mina de mayor rendimiento.

En el otro lugar. JACINTO levanta su vaso. Los hombres beben.

AMAPOLA.– ¿No habéis entendido nada aún?

NARCISO.– ¿Del proyecto truncado?

AMAPOLA.– ¡De la vida! Qué desperdicio de sentido común. Los almendrales están en un terreno estratégico. Nuestra firma es la piedra angular del plan. Sin el respaldo de los terratenientes, la mina es algo vago, lejano, hipotético. Irá el alcalde a convencer a los vecinos, y ellos temerán que la cosa se quede en agua de borrajas. Los empleos les sonarán a ciento volando. Se opondrán en bloque al traslado del pueblo. Esta mina, que es buena para todos, sin nosotros se queda en el papel. Podemos reflotar el pueblo o rematarlo. Lo que es esos señores, a la que les salgamos con estorbos, tardan bien poco en buscarse otra veta...

JACINTO.– Una decisión así no puede correspondernos a nosotros.

AMAPOLA.– Y sin embargo, aquí la tenemos.

JACINTO.– ¿Qué hay de los olivares?

AMAPOLA.– Si son del suegro del alcalde, ¿a ti qué te parece?

JACINTO.– ¿Y de los cerezales? ¿Damián también se vende?

AMAPOLA.– A visitarlo iban después de verme a mí. No sé lo que les habrá contestado. Pero me lo figuro. En la vida he conocido a nadie más terco ni más ciego que tú. ¿Quieres ser quien les negó el trabajo a los nietos de tu propio hermano? ¿Quien perpetuó la miseria en el pueblo cuando podría haber vuelto a ser tan próspero como lo fue en nuestra juventud? ¿Tanta razón sientes que tienes?

JACINTO.– A ver, si te prometen pan para hoy a hogazas de cien kilos, pero para mañana un hambre aún peor...

AMAPOLA.– Aquí sólo has hablado tú de hambre. Consiente y comerás capón de aquí hasta que te mueras.

NARCISO.– ¿Qué recelas de las hogazas?

JACINTO.– ¿Tú te crees que ese pan durará?

NARCISO.– ¿Cómo iba a engañarnos un señor tan bien vestido?

JACINTO.– ¿Lo viste?

NARCISO.– Me lo he cruzado de buena mañana, paseando por los campos. El alcalde y él venían hacia aquí, a visitar a tu hermana, supongo. Me ha saludado inclinando la cabeza, pero muy poco, como un embajador. Llevaba un traje fino y muy lustroso, casi para una recepción real. Un hombre como ése no se rebaja a estafar a un pueblo entero.

JACINTO.– ¡Y a uno detrás de otro! ¡Qué tendrá que ver la honestidad con el atuendo!

NARCISO.– Tiene. Porque una bajeza como ésa le afearía el traje y ya no andaría con tanta apostura.

JACINTO.– Pongamos que me convences. Que te digo que sí, que adelante, que un hombre acicalado y con corbata sólo puede traernos abundancia. Pongamos que lanzamos ahora mismo las campanas al vuelo: ¿qué pasa con el pueblo cuando se acabe el cobre?

AMAPOLA.– El cobre no se acaba. Las minas son como los manantiales. Lo que coges, rebrota.

JACINTO.– ¿Eso es así, Narciso? En los años que estuvimos por la mina ¿viste florecer cobre donde ya no quedaba? Díselo tú, que a mí no me creerá.

NARCISO.– Bueno, no exactamente... Lo que coges, adiós. ¡Pero aquí abajo hay cobre para siempre!

JACINTO.– ¿Y cuánto dura ese siempre a razón de diez millones de toneladas al año?

NARCISO.– No sé. ¿Mil años?

JACINTO.– ¿Extrayéndolo con semejante prisa? Ni cien, te digo. Es probable que ni siquiera quince. ¿No necesitarán trabajo y dónde vivir tus nietos en quince años?

NARCISO.– Hombre, claro. Eso espero.

JACINTO.– Pues se tendrán que buscar otro sitio, porque esto de aquí va a ser un desierto. Ni cobre, ni mina, ni pueblo, ni almendrales. Sólo les quedará el cucurucho de tierra removida, atroz y abandonado. ¿Eso es lo que quieres para ellos?

NARCISO.– Amapola, razón no le falta, ¿qué clase de hombre querría eso para su familia? ¿En los papeles no pone cuánto tiempo piensan estarse aquí? ¿Cuántos años nos aseguran el trabajo?

AMAPOLA.– ¿Tú qué te crees? ¿Que nos van a hacer socios accionistas? Nos compran los campos bien comprados y ya está: suyos son y hacen con ellos lo que quieren.

NARCISO.– ¿Os acordáis de aquella vez que la presa de la balsa de residuos se agrietó? ¿Pone ahí si en la mina nueva habrá balsa? ¿Pone qué pasa si se repite una catástrofe como esa?

AMAPOLA.– Pone que la explotación tiene todos los permisos y los avales. ¡Qué ganas tenéis de desconfiar! ¿Por qué no aceptáis que nos pueda pasar una cosa buena?

JACINTO.– En los papeles sólo ponen lo bonito.

NARCISO.– ¿Para qué querrán tanto cobre de golpe?

JACINTO.– Y tú ¿para qué quieres tanto dinero de golpe, Amapola?

AMAPOLA.– No es asunto tuyo.

Aquí. A los asistentes.

ANALISTA.– Tercero: de acuerdo con nuestras prospecciones, en esa mina hay cobre para garantizar la producción prevista durante dieciséis años. Más de tres lustros en los que el precio del cobre, como el del resto de minerales conocidos –básicos en la fabricación de todo el material tecnológico que mueve hoy el mundo– crecerá exponencialmente. Algunos expertos estiman que alcanzaremos el límite de los recursos minerales dentro de los próximos cincuenta años; en el caso del cobre y al ritmo de extracción actual puede que veinticinco. ¿Catastrofismo? ¿Cálculos ajustados a la realidad? Desde nuestra perspectiva empresarial, debemos ser capaces de gestionar también el peor de los escenarios posibles: el inminente agotamiento de nuestra materia prima. Y podemos sacarle partido: la escasez aumentará el valor de nuestro producto. Quizás haya más cobre del que creemos ahí abajo. Ojalá. Pero como las minas se deterioran con la explotación y la extracción se vuelve cada vez más trabajosa –hace falta arrancar cada vez más y más roca para obtener menos y menos cobre–, hemos restringido nuestro período de actividad a esos dieciséis años prósperos. Luego liquidaremos la mina, que probablemente será nacionalizada hasta su cierre definitivo.

En el otro lugar.

NARCISO.– ¿A qué tanta avidez? ¿Qué van a hacer cuando hayan arrancado todo el cobre del mundo y ya no quede más?

JACINTO.– ¿Para qué quieres tanto dinero de golpe, Amapola?

AMAPOLA.– No es asunto tuyo.

JACINTO.– Antes me has dicho que para ti era la última oportunidad. ¿De qué?

AMAPOLA.– De nada. ¿Cómo se me habrá ocurrido hoy que por una vez podría contar con vosotros? A lo mejor es verdad que empiezo a perder el oremus.

JACINTO.– A ti el patinazo ése te parece miel sobre hojuelas.

AMAPOLA.– Me parece lo que es: un inconveniente menor.

JACINTO.– Un sacrificio ajeno.

AMAPOLA.– Un paso decidido hacia el futuro.

JACINTO.– ¿El tuyo?

AMAPOLA.– También el mío, sí. ¿Qué hay de malo en eso? Con ese dinero podría disponer mi... posteridad.

JACINTO.– Acabáramos.

AMAPOLA.– Me consuela imaginar que mi memoria sea valiosa y perdurable para alguien. No me digas que tú no piensas en eso, Jacinto. Porque éste deja nietos a porrillo, narcisitos que a su vez criarán renarcisitos hasta el fin de los tiempos, y absolutamente todos recordarán con estima al gran patriarca. Detrás de ti y de mí no queda nadie para recordarnos. Y yo no me resigno.

NARCISO.– Pues tú dirás cómo piensas hacerlo, porque lo que es ahora, y perdona la franqueza, no sé..., quererte no se te quiere mucho.

AMAPOLA.– Leí en el periódico que una empresa inglesa convertía las cenizas humanas en diamantes. Era una casa seria con métodos científicos. Les escribí. Pregunté qué podrían hacer con todas mis cenizas y cuánto costaría. Me propusieron cultivar cinco diamantes. De dos quilates. Rojos como mi nombre. Tallados en redondo y engarzados en una tiara de oro. Blanco. Con filigranas. Sería mi legado.

NARCISO.– ¿Para quién?

AMAPOLA.– ¿Qué más me da? Para el mundo. Sólo me importa que no quede de mí un desecho penoso, sino algo extraordinariamente bello. Una joya que los demás admiren. Que me aprecien, aunque sea después de muerta. Que alguien me quiera. ¿Entiendes ahora cuánto necesito este dinero?

JACINTO.– *(Compadeciéndola por primera vez).* Diamantes rojos como el cobre.

AMAPOLA.– *(Sonriendo, cansada).* Y más rojos que tú, camarada.

Silencio.

JACINTO.– No me disgusta que me olviden. Sí que me duele que, cuando yo muera, no vaya a quedar nadie para acordarse de Natalia.

AMAPOLA.– ¿No viene a ser lo mismo?

JACINTO.– Podríamos intentarlo a mi manera: habla con el alcalde, si resulta que aquí debajo queda cobre suficiente para un depredador industrial, entonces hay de sobra para una explotación cooperativa. Que los propios vecinos sean dueños y también mineros. Que ellos mismos protejan a la vez todos sus intereses: el provecho, el trabajo y la vida. Sé tú quien promueva una mina común. Contribuye a ella con los almendrales. El pueblo tendrá motivos para recordarte con afecto y gratitud durante muchos años.

AMAPOLA.– ¿Con qué inversión?

JACINTO.– ¿No habría dinero público para arrancar? ¿No lo estarán aportando ya para poner en marcha esta mina de accionistas anónimos?

AMAPOLA.– Sería utópico conseguir algo así.

JACINTO.– Sería justo.

NARCISO.– Se podría probar.

JACINTO.– Probemos.

AMAPOLA.– No. Sabes igual que yo que una cosa así es larga y enredosa. Aventurada. Al final quizá no prosperase ni una mina ni la otra.

JACINTO.– Quizá sería mejor.

AMAPOLA.– No quedaría ni un recuerdo ni el otro. Sálvanos, Jacinto. A mí. A tu Natalia. Encuentra el modo.

Silencio.

JACINTO.– Narciso, ¿tú también crees que, tal y como se vive en este cerro, se vivirá dos cerros más allá?

NARCISO.– Digo yo que muy distinto no será.

JACINTO.– ¿Y qué piensas de la naturaleza? ¿O de la justicia?

NARCISO.– Que bien están, siempre y cuando no le hagan al hombre todavía más difícil esta vida, que por sí sola ya tiene su intríngulis. Y que al fin y al cabo tampoco será éste el único rincón del mundo en que peligren...

JACINTO asiente y suspira.

AMAPOLA.– ¿Firmarás?

JACINTO.– Firmaremos. ¡Vecinos, alegría, trabajo para todos! ¡Descorchad las botellas! Ya alejaremos nuestros chamizos de los terrenos aledaños de la mina.

NARCISO.– Y tal día hará un año.

AMAPOLA.– Y otro y otro y otro.

NARCISO.– Si enseguida nos acostumbraremos...

JACINTO.– Enseguida nos arrepentiremos. Pero hay que conciliar las pocas aspiraciones que nos quedan. Amapola, acordarás con el alcalde que nos reserve una calle bien ancha que cruce de punta a punta el pueblo nuevo. Trasplantaremos allí nuestros almendros, tantos como nos quepan, para que florezcan cada primavera. Al final de la calle, una fuente. Que no comparta manantial con la mina: allí quiero agua pura.

AMAPOLA.– ¿Sólo eso?

JACINTO.– Y el nombre: "Paseo de Natalia".

AMAPOLA.– Sea.

JACINTO.– Avisadme para ir al notario y nada más. A mí no me traigáis hogazas de ésas. No me busquéis en plena exaltación para felicitaros por las bondades de la mina incipiente. Tampoco me vengáis dentro de cuatro días a llorar en el hombro, cuando se acabe el cobre y los suecos se marchen y nos quedemos solos con nuestro cucurucho monstruoso.

JACINTO sale pesadamente. NARCISO se va hacia el otro lado. AMAPOLA mira impasible hacia el horizonte. Se corona despacio con su tiara invisible. Suenan los tres cuartos.

Aquí. A los asistentes.

ANALISTA.– En síntesis, señoras y señores accionistas, confío en que también ustedes vean en esta mina de cobre una oportunidad *de oro*. Muy buenas noches.